AF290630

edition **+ plus**

Nicole Wilhelm

Miteinander leben

Für eine Familienkultur des Miteinanders

Nicole Wilhelm

Miteinander leben

Für eine Familienkultur des Miteinanders

Kontakt: mvg@mathias-voelchert.de
www.familylab.de
www.bimw.de

Inhalt

1 Ich habe das Du gewählt, denn es ist für mich am besten geeignet, um einen Kontakt von Mensch zu Mensch herzustellen.

Dr. Nicole Wilhelm

Ich gehe seit 20 Jahren gemeinsam mit Eltern, ErzieherInnen, LehrerInnen, Kindern und Jugendlichen der Frage nach: Wie schaffen wir Beziehungen, in denen wir uns wohl fühlen und jeder den Entwicklungsraum bekommt, den er braucht? Ausgehend von dem Grundbedürfnis eines jeden Menschen für andere von Wert zu sein und dem Wissen, dass jeder sein Bestmögliches gibt, solche Beziehungen zu gestalten, ist das Anliegen meiner Arbeit, Menschen zu begleiten, ihren eigenen Weg dabei zu finden. Ich danke allen Menschen, die mir helfen, meine Arbeit täglich besser zu machen, insbesondere Helle Jensen und Jesper Juul und allen Menschen, mit denen ich je zusammengearbeitet habe sowie meinen Kindern und meinem Mann.

Lohnt es sich für dich, dieses Buch zu lesen?

Lebenszeit ist sehr kostbar, deshalb möchte ich dir einen kurzen Eindruck davon geben, worum es in diesem Buch geht, damit du entscheiden kannst, ob es für dich lesenswert ist.

Eltern wollen so gerne, dass ihr Kind jede Chance im Leben hat, dass es glücklich aufwächst und in seinem Leben gut zurechtkommt. Dafür stehen sie jeden Morgen auf, meist viel zu früh, und geben alles. Dennoch sind Eltern selten zufrieden mit sich, denn ständig gibt es Diskussionen und Streit.

Eine Mutter sagt zu ihrem Vierjährigen: „Zieh die Jacke an, draußen ist es kalt." Der Junge sagt: „Mir ist aber nicht kalt." Und schon beginnt die Diskussion: ... ja, aber sonst wirst du krank ... ich will keine Jacke anziehen ...wenn du die Jacke nicht anziehst, dann kannst du auch nicht rausgehen ... ich will aber raus ... ja, aber nur mit Jacke ... Der Vierjährige zieht missmutig die Jacke an und sagt dabei: „Scheißmama!" Wütend packt die Mutter den Sohn am Arm, zieht ihm grob die Jacke aus und sagt: „Nee, jetzt geht es gar nicht mehr raus, so nicht!"

Natürlich will das keiner, aber es kommt gar nicht so selten vor. Eltern sind oft so erleichtert, wenn sie feststellen: Es geht anderen Eltern ganz genauso! Wir sind nicht immer lieb und nett und verständnisvoll, ich auch nicht. Manchmal sind wir eben auch überfordert. Dann passiert es leicht, dass wir uns in „Wenn du nicht ... dann"-Androhungen verstricken und Dinge sagen oder tun, die wir nicht wollen.

Eine Mutter sagte, sie mutiere dann zur „Monstermutter", aber sie wüsste einfach nicht, wie sie es in solchen Situationen anders machen kann. Ja, das ist die Frage. Wie können all die fürsorglichen und liebevoll gemeinten Dinge, die Eltern für ihre Kinder tun und die notwendig sind für ein gesundes Aufwachsen, in einer Weise geschehen, die Eltern und Kinder verbindet statt trennt?

Familien dabei zu begleiten, ihr Familienleben so zu gestalten, wie sie es sich wünschen, Freude aneinander zu erleben, Leichtigkeit zu entwickeln, sich selbst und die anderen zu genießen, in einem wohlwollenden, freundlichen Kontakt, sodass jeder spüren kann, dass er gewollt und wertvoll ist, in einem Klima der Geborgenheit und gegenseitiger Hilfe, und auch Konflikten zu begegnen, ohne die üblichen gegenseitigen Verletzungen – das ist das Ansinnen meiner Arbeit und dieses Buches. Kurz: Menschen begleiten, ein echtes Miteinander zu leben.

Eltern brauchen dabei keinen weiteren Punkt auf ihrer To-do-Liste, sie haben schon genug zu tun. Und sie brauchen auch keine Ratgeber, sie haben ihre eigene Wahrnehmung, ihr eigenes Gehirn. Gute Begleitung bedeutet für mich vielmehr, neue Gedanken anzubieten, die dann ganz von selbst ihre Wirkung entfalten, einfach weil sie uns Menschen entsprechen. So wie wir uns nicht daran erinnern müssen, bei toller Musik gute Laune zu bekommen. Wir gehen einfach mit, weil die Musik etwas in uns anspricht. So ist auch dieses Buch gemeint.

Bei meiner Zusammenarbeit mit Eltern habe ich die Erfahrung gemacht: Das Wichtigste ist, dass das Ganze auch im Alltag ankommt. Denn dass ein respektvoller Umgang wichtig ist, wissen alle. Doch wie gehe ich im Alltag respektvoll mit dem Zweijährigen um, der sich nicht wickeln lassen will, mit der Vierjährigen, nicht in Bett will, der Achtjährigen, die keine Hausaufgaben macht, dem Elfjährigen, der nur am Handy hängt, dem Fünfzehnjährigen, der nachts nicht nach Hause kommt? Wie gelingt hier ein respektvolles Miteinander?

Mit diesem Buch möchte ich Eltern begleiten, eigene Wege zu finden, die zu ihnen und ihrer Familie passen – und deshalb auch im Alltag lebbar sind. Hilfreich dabei sind nach meiner Erfahrung Geschichten und Beispiele. Sie erzeugen Bilder in uns – und unser Gehirn liebt Bilder. Wir nehmen sie tief in uns auf, und dadurch verändert sich unsere Sicht. Eine veränderte Sicht ermöglicht veränderte Handlungen. So einfach? Ich denke schon, probiere es aus, hier kommt die erste Geschichte:

Das Bobbycar

Stellt dir vor, du gehst mit deinem zweijährigen Kind auf den Spielplatz. Es parkt sein Bobbycar zu deinen Füßen und spielt im Sand. Da kommt ein anderes Kind und will auf das Bobbycar steigen. Dein Kind kommt sofort angerannt, hält das Lenkrad fest und sagt: „Meins!" Viele Eltern sagen dann so Dinge wie: „Schau doch mal, das Kind will es nur mal ausleihen …es will nur eine Runde über den Spielplatz fahren, es bringt es gleich zurück. Du spielst doch gerade sowieso im Sand, und du hast dir doch auch den Bagger ausgeliehen …" Stell dir jetzt eine andere Situation vor: Du bist bei dir zu Hause und kochst gerade, da klingelt es an der Tür. Davor steht ein junger Mann und sagt: „Könnten Sie mir bitte ihre Autoschlüssel geben? Ich bräuchte nämlich mal Ihr Auto." Entrüstet sagst du: „Ich kenne Sie doch gar nicht. Ich will Ihnen mein Auto nicht geben!" Dann kommt dein Partner dazu und meint: „Aber Schatz, du brauchst es doch gerade nicht, wir kochen doch jetzt eh …"

Ich hoffe, ich habe dein Interesse geweckt, und wenn ja, wünsche ich dir viel Freude beim Lesen!

Miteinander – leben wir das nicht schon längst?

Kiwi oder Törtchen

Ich saß morgens auf der Terrasse eines Hotels und wartete auf die anderen meiner Familie. Rechts von mir saß eine Familie mit einem wohl fünfjährigen Jungen, der versuchte, mit dem Frühstücksmesser eine Kiwi zu schälen. Als er es fast geschafft hatte, glitschte ihm die Kiwi aus den Händen und fiel auf den Boden. Frustriert darüber weinte der Junge. „Meine Kiwi ist ganz dreckig." Die Mutter sagte: „Du kannst doch eine neue holen." „Nein, ich will meine Kiwi." „Wir können sie ja abwaschen." „Nein." „Soll ich dir eine neue holen?" „Nein." Er war immer noch traurig und weinte jetzt etwas lauter. Irgendwann sagte die Mutter: „Jetzt sei mal leise, die anderen wollen in Ruhe frühstücken." „Ich will aber meine Kiwi haben." Es wurden noch mehr Worte gewechselt, und irgendwann sagte der Vater: „Jetzt ist Schluss. Entweder du bist jetzt ruhig, oder das Frühstück ist für dich beendet."

Auf der anderen Seite kam ein Vater zu einem Tisch, hinter ihm lief seine vielleicht dreijährige Tochter. Vorsichtig balancierte sie auf einem Teller ein sehr bunt verziertes Törtchen. Sie stellte es auf den Tisch, setzte sich und biss voller Erwartung hinein. In ihrem Gesicht war abzulesen, dass es weit weniger lecker schmeckte, als sie wohl erwartet hatte. Sie weinte und schlug mit ihrer Hand immer wieder auf den Tisch: „Blödes Tört-

chen", war das Einzige, was sie dazu sagte. Der Vater berührte sie an der Schulter und fragte, was denn mit dem Törtchen los sei, aber sie war noch viel zu aufgebracht, um zu antworten. Nach zwei Minuten hatte sie sich etwas beruhigt, der Vater nahm sie auf den Schoß und sagte: „Du hast dich über das Törtchen geärgert." Sie kuschelte sich in seinen Arm, und nach kurzer Zeit aß sie vom Teller des Vaters etwas Anderes.

Beide Kinder haben eine frustrierende Erfahrung gemacht und ganz unterschiedliche Reaktionen darauf erlebt. Der Junge blieb mit seinem Erleben alleine, und er wurde dafür verkehrt gemacht, seiner Frustration Ausdruck verliehen zu haben. Die Lösung der Mutter – *„Du kannst doch eine neue holen"* – war rational sinnvoll, doch der Junge erlebte dadurch keine Zugewandtheit zu seinem eigenen Erleben: „Gerade ist es für mich furchtbar." Ein Miteinander hätte bedeutet, zu erleben, dass es völlig in Ordnung ist, wütend zu sein, und dass da jemand ist, der bei einem bleibt, gerade dann, wenn man so frustriert ist, ähnlich wie es das dreijährige Mädchen erfahren hat. Der Vater hat nicht viel gesagt, doch war spürbar, dass er an dem Erleben seiner Tochter interessiert war und dass es für ihn völlig in Ordnung war, dass sie wütend war.

Aber muss der Junge nicht auch lernen, nicht so ein Theater zu machen, denn die anderen wollen ja auch frühstücken? Kinder lernen das besonders gut, wenn wir sie dabei begleiten, sich selbst wahrzunehmen und ernst zu nehmen. Dann entwickeln sie automatisch alles, was sie brauchen, um gut in einer Gemeinschaft zurechtzukommen.

Frustration und Konflikte gibt es überall und in jeder Familie, das ist ja unvermeidbar. Doch wie begegnen wir solchen Situationen? Schaffen wir ein Miteinander, oder ist es ein Gegeneinander? Gelingt uns ein Miteinander, ist es, wie wenn die Sonne ins Zimmer scheint. Wir haben dadurch eine ganz andere Stimmung, eine ganz andere Färbung in unserem Zusammensein.

Die Eltern des Jungen haben ja nicht „Gegeneinander" angekreuzt, vermutlich ist ihnen noch nicht einmal bewusst, dass es ein Gegeneinander ist. Niemand hat sich selbst gemacht. Wie wir Beziehungen gestalten, das erlernen wir wie eine Sprache. Unsere Eltern sprechen, und wir lernen, in perfekter Nachahmung zu sprechen. So ist es auch bei der Beziehungsgestaltung. Unsere Eltern haben sich uns gegenüber, sich selbst und anderen gegenüber verhalten – und wir haben diese Muster gelernt. Gerade in Konfliktsituationen sprechen wir unsere erlernte „Muttersprache der Beziehung", selbst wenn wir bewusst gerne eine andere Beziehungssprache sprechen würden. Viele haben gelernt, dass irgendeiner schuld sein muss.

Das Klopfen an der Wand

Eine Mutter erzählte im Elternkurs vom Nachbarn, der gegen die Wand hämmert, wenn die Kinder laut sind. Sie fühle sich dann als schlechte Mutter, die es nicht schafft, die Kinder ruhig zu beschäftigen. Eine andere Mutter meinte daraufhin, sie würde in so einer Situation denken: „Mensch, Kinder, könnt ihr nicht mal leiser sein!" Und ein Vater sagte, er würde denken, der

Nachbar hätte einen Sockenschuss. Dann waren alle in Gedanken versunken, und in die Stille hinein sagte eine weitere Mutter: „Das ist ja alles ein Gegeneinander."

Ja, das ist es: Mal ist es ein Gegeneinander gegen die Mutter, mal gegen die Kinder oder gegen den Nachbarn. Ein Miteinander bedeutet nicht, dass es keine Konflikte gibt. Das Miteinander entsteht durch die Art und Weise, wie wir uns und anderen in diesem Konflikt begegnen: offen und zugewandt oder abweisend und beschuldigend?

Die Bahnfahrt

Mutter, Vater und die zwölfjährige Tochter fahren mit der Bahn. Die Tochter ist ärgerlich, weil das Kabel ihrer Kopfhörer verdreht ist. „Was ist denn?", fragt die Mutter leicht genervt. „Nichts", sagt die Tochter und versucht, das Kabel zu entwirren. „Nur weil das Kabel verdreht ist, muss man ja nicht gleich so ein Theater machen." Der Vater sagt zur Mutter: „Ich hab ja gleich gesagt, du sollst ihr kabellose bestellen." „Ja, klar, jetzt bin ich wieder schuld", sagt die Mutter.

Besonders wenn unsere Kinder Stress haben oder auch nur unzufrieden sind, geraten wir leicht auch selbst unter Stress und richten unseren Ärger gegen uns selbst, gegen das Kind, den Partner oder andere. Doch wir können aussteigen und ein Miteinander leben, wenn wir das erkennen und neue Wege gehen.

Familie heute: Warum ist es so anstrengend geworden?

Schon ein Abendessen kann der Wahnsinn sein:

Die fliegende Salami

Eine Mutter sitzt mit ihren beiden Kindern beim Abendessen. Der Fünfjährige sagt: „Ich will noch mehr Salami." Die Mutter antwortet: „Du hattest jetzt schon genug Salami." Der Fünfjährige: „Nur noch eine klitzekleine Scheibe, bitte." Er hält den Kopf schief und grinst unwiderstehlich. Die Mutter grinst auch und gibt ihm noch eine Scheibe. Doch die dreijährige Schwester ist schneller und schnappt sich die Scheibe, um die jetzt beide Kinder kämpfen. Schließlich fliegt Salami durch die Luft und landet auf dem Stofflampenschirm. Dann bricht das Chaos erst richtig los: Der Junge schreit: „Das war meine Salami, du Scheißschwester", die Dreijährige brüllt: „Ich bin keine Seißwester", die Mutter schimpft, dass dieser Fettfleck nie wieder rausgeht. Alle sind frustriert. Der Vater kommt in die Küche und fragt: „Was ist denn hier los?"

Menschen, die mit Kindern leben, wissen: Das ist keine Horrorgeschichte, so was gibt es wirklich! Täglich, mehrmals täglich, und die Frage des Vaters bringt es auf den Punkt: Was ist denn eigentlich los? Wir haben früher doch auch nicht so ein Theater beim Essen gemacht. Stimmt, früher war das Abendessen klar geregelt: Vati bekam zuerst, es herrschte

Ruhe, ordentliche Manieren, Ellbogen vom Tisch, jeder saß gerade und blieb sitzen, bis der letzte aufgegessen hatte, und man aß auch alles auf. So war es in den allermeisten Familien, vor noch gar nicht allzu langer Zeit.

Heute ist es anders. Jede Familie kann ihre eigenen Regeln aufstellen: Müssen alle sitzenbleiben, bis der letzte fertig ist? Darf man beim Essen liegen, oder muss man sitzen? Ist es erlaubt, nur Nachtisch zu essen?

Wir sind heute frei, unsere eigene Familienkultur zu entwickeln, nicht nur beim Essen. Diese Freiheit ist großartig, aber auch sehr anstrengend. Denn sich einen neuen, eigenen Weg durch den Dschungel zu bahnen, ist viel anstrengender, als der gewohnten A5 zu folgen, die schon vierspurig ausgebaut ist.

Und wenn wir endlich nach vielen Gedanken, Gesprächen und manchmal auch Streit herausgefunden haben, was wir als Eltern wollen, bedeutet es noch lange nicht, dass sich die Kinder daran halten. Denn dass Kinder einfach machen, was die Erwachsenen sagen, das ist vorbei. Die Gehorsamskultur ist zu Ende. Früher brauchten Erwachsene nur zu sagen: „Setz dich gerade hin", und die meisten Kinder gehorchten. Heute erntet man in der Regel lediglich ein: „Aber das ist so ungemütlich, ich will lieber so essen."

Sind die Kinder verrückt geworden oder gar respektlos, oder liegt es an den Eltern, die nicht konsequent sind? Weder noch. Wir befinden uns heute in einer ganz besonderen Zeit. In unserer Gesellschaft findet nämlich jetzt gerade eine tiefgreifende Veränderung statt: ein Paradigmenwechsel vom Gehorsam zum Verantwortungsbewusstsein. Historisch betrachtet gab es immer wieder solche gesellschaftlichen Entwicklungsschritte, zum Beispiel die Arbeiterbewegung oder das Streben der Frauen nach politischer und sozialer Gleichstellung. Ein sehr drastisches Zeitdokument, wie es vor der Frauenbewegung war, kann man sich auf YouTube anschauen: Der 7. Sinn, „Frau am Steuer". Jetzt gibt es einen weiteren fundamentalen Entwicklungsschritt in unserer Gesellschaft, und wir erleben ihn hautnah mit. Denn wir merken gerade am Verhalten der Kinder: Mit der Forderung nach Gehorsam kommen wir heute – zum Glück – nicht mehr weiter.

Zum Glück, denn von diesem „Ungehorsam" wird das Überleben der Menschheit abhängen. Bevor du denkst, ich sei verrückt geworden, will ich es etwas erklären. Bereits heute ist es so: Wenn ich Google öffne, bekomme ich Vorschläge von Artikeln, die für mich interessant sein könnten. Diese Vorschläge sind meist wirklich interessant für mich, und ich lese das eine oder andere. Wenn du den gleichen Begriff googelst, bekommst du andere Vorschläge als ich. Jeder hat seine eigene Filterbubble, gesteuert von Algorithmen, die durch unser Nutzungsverhalten gespeist werden. Das heißt, ein Algorithmus lenkt heute schon unsere Aufmerksamkeit und damit auch unser Denken, Fühlen und Handeln. Dieser technische Fortschritt nimmt rasant an Geschwindigkeit zu. Wenn wir es in Zukunft nicht Algorithmen überlassen wollen, was wir denken, fühlen und wie wir handeln, müssen wir mehr denn je in der Lage sein, uns selbst zu spüren, zu wissen, wer wir sind, was wir wollen und was nicht, und angemessen darauf zu reagieren – das heißt uns selbst zu folgen. Sonst werden wir zu Objekten der Manipulation und büßen unsere Handlungsfreiheit ein.

Kinder heute scheinen das genau zu spüren. Sie haben die Ahnung, dass ein neues Zeitalter für uns Menschen angebrochen ist, in dem der technische Fortschritt erfordert, sich gegen Manipulationen zu wappnen. Wir „Alten" können dieses Haus der Zukunft nicht betreten, noch nicht mal in unseren Träumen, wie der Philosoph Khalil Gibran vor über 100 Jahren in beeindruckender Weise in seinem Gedicht „Von den Kindern" schrieb.

Kinder haben ein intuitives Gespür dafür, dass sie lernen müssen, sich selbst zu folgen. Unsere Aufgabe ist es, sie darin zu unterstützen. Die Herausforderung dabei ist, dass Kinder gleichzeitig auch unsere Führung brauchen. Sie haben kaum Erfahrung und können nicht wissen, was für Auswirkungen ihr Verhalten haben wird, vielleicht auf ihr gesamtes Leben. Fragt man einen Zweijährigen, ob er Zähne putzen will, sagt er mit großer Wahrscheinlichkeit nein, dennoch ist Zähne putzen wichtig, damit er gesund aufwachsen kann.

Meine Tochter wollte, als sie zwei Jahre alt war, gerne selbst darüber bestimmen, was sie anzog. Eines Morgens entschied sie sich im Winter für ein Sommerkleid.

Mein Vorbild (Ich zog mich an wie ein Eskimo.) und meine Meinung („Ich glaube, du wirst im Kleid frieren, weil es draußen sehr kalt ist.") haben sie nicht sehr beeindruckt, sie blieb bei ihrer Wahl. Deshalb habe ich zu ihr gesagt, dass ich eine Jacke und eine Strumpfhose mitnehmen würde, sie solle Bescheid sagen, wenn sie friert. So haben wir es eine Weile gehandhabt, bis sie gelernt hatte, sich selbst und die Witterung einzuschätzen. (Und nein, sie ist nicht krank geworden.)

Es muss uns Erwachsenen das Kunststück gelingen, Kinder auf eine Weise zu führen, bei der sie sich selbst treu bleiben können, sich selbst folgen können und bei der wir gleichzeitig Gefahren abwenden sowie Orientierung anbieten: Was wollen wir und was nicht? Was halten wir für wichtig, richtig? Wann müssen wir einschreiten? Dabei ist das eigene Tun wesentlich, nicht so sehr, was wir sagen.

Besonders wichtig ist dabei auch, dass wir selbst ein gutes Leben haben, denn Lebensfreude liefert uns nicht nur die Energie, die wir brauchen, um diese Aufgabe gut zu schaffen, sondern es ist ja auch unser Leben, das dahinschreitet. Natürlich könnten wir sagen, wir drücken die Pause-Taste bei unserem Leben und leben weiter, wenn die Kinder mit zwanzig Jahren ausgezogen sind. Doch das ist wohl kaum eine gute Idee. Wir haben auch ein Leben und sollten uns gut darin einrichten – was natürlich auch bedeutet, weniger von der eigenen Zeit, Energie und sonstigen Ressourcen an die Kinder abzutreten. Bei so engagierten Eltern, die sogar Bücher über Familienleben lesen,

bin ich mir sicher, dass dann immer noch reichlich
für die Kinder da ist.

Der Kinobesuch

*Die Sechsjährige möchte gerne mit den Eltern ins
Kino, die Eltern wollen jedoch zu zweit gehen. Die
Tochter sagt: „Der Film ist ab sechs, also darf ich auch
rein." „Ja, das dürftest du. Aber wir wollen alleine gehen." „Ohne mich?" „Ja, ohne dich." „Das ist gemein, ich
will nicht bei der doofen Babysitterin bleiben." „Ich sehe,
dass du sehr gern mitkommen willst, und wir wollen alleine gehen." Wütend rennt die Sechsjährige aus der Küche und knallt die Türe hinter sich zu.*

Oft wirkt es für Eltern jedoch zu egoistisch, sich
selbst mehr raus zu nehmen. Dann kann man es ja
für die Kinder tun. Denn es ist wie im Flugzeug, wenn
die Sauerstoffmasken runterfallen. Erst müssen die
Erwachsenen mit Sauerstoff versorgt sein, nur dann
ist es ihnen möglich, auch die Kinder zu versorgen,
oder wie meine Hebamme sagte: „Wenn das eigene
Säckel leer ist, kann man auch nichts mehr austeilen."
Und es gibt noch einen weiteren Grund, warum es für
die Kinder wichtig ist, dass Eltern gut für sich sorgen:
Wenn Eltern oft im roten Bereich sind, sozusagen auf
Reserve, dann kommen Kinder zu dem Schluss: Ich
bin eine Belastung! Es ist furchtbar, eine Belastung zu
sein und gleichzeitig nichts daran ändern zu können,
denn als Kind macht man nun mal Arbeit und Mühe.
Das Gefühl, die Eltern zu belasten, erzeugt jede Menge Schuldgefühle, die oft ein Leben lang bleiben. Nur
wenn es mir gut geht, kann ich meinem Kind glaub-

haft vermitteln: Du bist ein Geschenk, das Leben ist noch schöner mit dir!

Auch für die Führungsaufgabe ist es wichtig, gut für uns selbst zu sorgen, denn Lebensfreude ist ein attraktives Modell, dem Kinder gerne folgen. Wenn ich selbst innerlich jammere, schon wieder diese blöde Spülmaschine ausräumen zu müssen, wieso sollten Kinder sich daran beteiligen? Schließlich ist es ein dem Menschen innewohnendes Prinzip, Schmerz zu vermeiden und Freude zu folgen. Es geht nicht darum, beim Ausräumen der Spülmaschine in Jubel auszubrechen, doch es ist hilfreich, es als eine gute Tätigkeit anzuerkennen, der ich meine Lebenszeit widme, weil ich gerne sauberes Geschirr bei minimalem Aufwand habe. Kinder übernehmen unsere Haltungen, nicht nur zum Geschirrspülen, auch zum Leben, zu unserem Partner, zu sich selbst. Sie betrachten die Welt und sich selbst die ersten Jahre ja aus unseren Augen.

Kurz: Sei gut zu dir! Praktische Gedanken dazu gibt es im Kapitel „Persönliche Verantwortung: ins Tun kommen".

Damit Kinder sich von uns führen lassen, brauchen wir einen neuen Weg, bei dem wir Kindern Sicherheit und Inspiration anbieten und bei dem Kinder sich selbst treu bleiben können. Auf diesem neuen Weg sind wir auch schon ganz gut unterwegs:

Die Milchschnitte

Eine Mutter sagt zu ihrem Zweijährigen, der in Richtung Küche unterwegs ist: „Ich will nicht, dass du Milchschnitte isst." Kurze Zeit später kommt er zurück, Milchschnittenreste im Gesicht. Die Mutter sagt: „Ich habe doch gesagt, dass ich nicht will, dass du Milchschnitte isst." Der Zweijährige stellt sich aufrecht hin, strahlt über das ganze Gesicht und sagt freudig: „Ja, aber ich!"

Das hätte es früher nicht gegeben! So einem „frechen" Kind hätte man den Hintern versohlt. Aber das ist ja zum Glück für die meisten Kinder in diesem Land vorbei. Dieser Zweijährige weiß genau, weil er das von klein auf erlebt hat, dass auch er ein Mensch ist, mit einem eigenen Willen, und dass er den auch haben darf. Kinder haben keine generelle Angst mehr vor Erwachsenen, sie kennen ihren Wert und wissen, dass sie das Recht haben, anständig behandelt zu werden. Das wollen Erwachsene ja auch sehr gerne und es gelingt auch schon sehr gut. Eltern und Pädagogen leisten hier wirklich Großes: Noch nie stand es um die kindliche Integrität in unserer Gesellschaft so gut wie heute. Das heißt, wir sind schon auf dem richtigen Weg. Das ist großartig, besonders wenn man bedenkt, dass wir wahrscheinlich zum ersten Mal in der neueren Geschichte der Menschheit versuchen, Kinder auf diese Weise zu führen.

Die Wäscheklammer

In einer ersten Klasse hatte die Lehrerin den Kindern Wäscheklammern mit deren Namen darauf ausgeteilt.

Diese sollten sie an eine Stange klammern, wenn sie eine Frage hätten. Sie käme dann der Reihe nach zu ihrem Tisch. Ein Mädchen machte das jedoch nicht. Sie ging direkt zur Lehrerin und zupfte sie am Ärmel. Diese drehte sich kurz um und sagte: „Jetzt nicht, ich unterhalte mich gerade." Daraufhin sagte das Mädchen: „Kannst du anders mit mir reden, weil so tut es mir nicht gut." Die Lehrerin fragte, was sie denn gesagt hätte, und das Mädchen sagte: „Nicht was du gesagt hast, sondern mehr wie du geguckt hast, nämlich so." Sie ahmte das Gesicht der Lehrerin nach. „Oh", sagte die Lehrerin, „das sieht ja wirklich nicht besonders nett aus. Danke, dass du es mir gesagt hast."

Das hätte ich mich vor vierzig Jahren ja niemals getraut. Herumzulaufen, die Lehrerin am Ärmel zu zupfen und dann auch noch, wie es hieß, „Widerwort" zu geben. Doch dieses Mädchen hat keine Angst vor ihrer Lehrerin und geht ganz direkt mit ihr in den Kontakt. Es ist ein großer Verdienst der Erwachsenen heute, dass Kinder so aufwachsen können. Und wenn Kinder auf diese Weise ein Miteinander erleben, sind sie auch bereit, sich dabei begleiten zu lassen, was noch gut wäre, zu lernen – in diesem Fall Warten.

Wo wir uns noch schwer tun, das sind Konflikte, wenn Kinder nicht wollen, was wir wollen: sich anziehen, Zähne putzen, aufräumen, Hausaufgaben machen, das Handy weglegen ... Hier geraten wir zuweilen unter Druck und laufen Gefahr, auf den alten Weg abzubiegen. Unsere jetzigen Versuche, Kinder zu führen, beginnen zuweilen mit endlosen, ermüdenden und frustrierenden Diskussionen und enden mit der Androhung von Konsequenzen oder deren Umsetzung, und das ist schmerzhaft. Strafen sind immer schmerzhaft. Eltern heute machen das nicht aus Überzeugung, sondern aus einer Hilflosigkeit heraus, weil sie noch keinen neuen Weg gefunden haben, wie sie ihre Kinder sonst führen können. So ist das mit neuen Wegen, manchmal verrennen wir uns, landen in der Sackgasse oder am Abgrund. Auch Kolumbus hat sich erst einmal verfahren. Neues zu entdecken, zu entwickeln bedeutet eben auch, täglich die Erfahrung zu machen: So geht es schon mal nicht, und daraus zu lernen.

Ich finde, es ist von großer Wichtigkeit, zu begreifen: Situationen, mit denen wir unzufrieden sind, die nicht gut gelaufen sind, in denen wir vielleicht andere verletzt haben, das sind Lernsituationen. Wir wollen es gut machen, aber wir haben noch keinen guten Weg gefunden. Also müssen wir etwas lernen. Es wäre wunderbar, wenn immer dann, wenn ich mich anders verhalte, als ich mir das selbst wünsche, der Gedanke auftaucht: Das ist eine Lernsituation. Wie eine Lampe, die dann in meinem Kopf grün blinkt und auf der steht: Hier kannst du was lernen, mit einem freundlichen Smiley darunter.

Ich würde sehr gerne das Wort Fehler ersetzen durch Erfahrung. Ich habe die Erfahrung gemacht, dass mein Verhalten nicht dazu geführt hat, einander nah zu sein. Wie kann ich es verändern, um das zu erreichen?

Die Lernaufgabe

In einer Klasse kommt ein Achtjähriger zu mir und sagt: „Der Paul hat mich getreten." „Oh, was brauchst du?" „Nichts, aber der Paul soll Ärger kriegen." Ich frage ihn: „Wieso ist dir das wichtig?" „Damit er endlich mal kapiert, dass er das nicht darf." „Ja, er darf es nicht, das stimmt, und ich glaube, er weiß es. Er kann es nur noch nicht, wenn er wütend ist. Stimmt das, Paul?" Der nickt kaum wahrnehmbar. Wir reden in der Klasse darüber. Ich sage: „Was glaubt ihr: Angenommen, ich kann nicht gut rechnen. Würde es mir helfen, wenn ich eine Strafe kriege, wenn ich falsch gerechnet habe?" „Nee, dann würden wir es dir erklären." „Das freut mich. Und für mich ist das mit dem Treten auch eine Lernaufgabe. Jedem fällt was anderes schwer, jeder muss etwas anderes lernen." Dann haben wir darüber gesprochen, was jedem schwer fällt und auch darüber, was jedem helfen könnte, es zu lernen und wie wir uns gegenseitig dabei unterstützen können.

Bei Kindern fällt es uns meist leichter, anzuerkennen, dass sie Lernende sind, bei Erwachsenen ist da oft der Gedanke: Der muss es ja können, der ist ja erwachsen. Doch Lernen hört nicht mit achtzehn Jahren auf, sondern Lernen geschieht ein Leben lang. Entwicklung ist möglich, solange wir atmen.

Kurz: Kinder brauchen und wollen auch heute noch unsere Führung. Neu ist, dass sie unsere Führung nur noch dann akzeptieren, wenn sie dabei gleichzeitig auch sich selbst treu bleiben können. Das ist unsere Lernaufgabe. Challenge accepted?

Gedanken fürs Reisegepäck

Gut ist gut genug!

Eltern haben oft Angst, es nicht gut genug zu machen. Ich erlebe so oft, wie sehr Eltern an sich selbst zweifeln, geplagt von Schuldgefühlen und Selbstabwertung: „Ich arbeite zu viel, spiele zu wenig, meckere und schreie zu viel, ich müsste geduldiger sein, weniger Handy erlauben, gesünder kochen ..." Die Liste der Selbstvorwürfe ist lang.

Der Druck und die Abwertung von außen machen es nicht einfacher. Schmähworte für Eltern wie Helikopter-Eltern oder Rasenmäher-Eltern sind hoch im Kurs. Oft haben Eltern den Eindruck, sich durch die allgegenwärtige Kritik für ihre Erziehung rechtfertigen zu müssen – vor Großeltern, Pädagogen oder Menschen an der Kasse. Natürlich sind nicht alle Versuche von Eltern, einen neuen Weg zu finden, zielführend.

Das Brötchen

Eine Mutter ist mit ihrem Siebenjährigen beim Bäcker, er kann sich nicht entscheiden und sagt: „Hier gibt es auch nichts." Die Mutter fragt: „Wollen wir nochmal bei dem anderen Bäcker ..." Der Sohn antwortet genervt: „Da gab es ja auch nichts." Draußen auf der Straße geht das Gespräch weiter, und die Mutter bietet an: „Da kommt gleich die Straßenbahn, wollen wir in die Stadt fahren und dort für dich schauen?"

Meistens werden Eltern für ein solches Verhalten abgewertet. Doch das wird ihnen absolut nicht gerecht, denn Eltern versuchen schließlich zum ersten Mal seit vielen Tausenden von Jahren, Kinder zu führen, ohne sie dabei zu verletzen. Sie wollen mit allem, was ihnen zur Verfügung steht, dass es ihrem Kind auch emotional gut geht, dass es ein gesundes Selbstgefühl entwickeln kann. Und wie viel Eltern dafür auf sich nehmen, zeigt sich sehr gut in diesem Beispiel. Eltern auf der ganzen Welt wollen sehr gerne die bestmöglichen Eltern für ihr Kind sein.

Neue Wege zu gehen schließt eben auch Irrwege mit ein, anders geht es nicht. Eltern heute haben den Mut, loszusegeln, sich in unbekanntes Gewässer zu begeben. Es beeindruckt und berührt mich immer wieder aufs Neue, diesen Mut und dieses Engagement von Eltern zu erleben, und ich bin ihnen sehr dankbar, dass sie diese Wege gehen, denn die Zeit ist gekommen, ein neues, ein echtes Miteinander zu wagen. Und die Menschen, die das wollen, werden immer mehr!

Dieser Elterngeneration ist es gelungen wie keiner anderen davor, die Würde der Kinder zu wahren und Kinder zu begleiten, auch emotional gesund aufzuwachsen. Ich wünsche mir, dass Eltern mit diesem Selbstbewusstsein vor sich selbst und auch vor anderen gerade stehen können, in dem Bewusstsein, dass vieles schon so gut gelingt.

Natürlich gibt es eine Reihe von Herausforderungen, und wir müssen vieles lernen. Fliegende Salami ist ja nicht das, was wir wollen, jedenfalls nicht die Erwachsenen. Doch das Wichtigste, was wir brauchen, um voranzukommen, das bringen Eltern heute schon mit. Es geht nicht darum, alles richtig zu machen, das kann ja niemand, sondern die besondere Qualität liegt darin, sich gemeinsam mit den Kindern entwickeln zu wollen, und wenn es nicht so gut gelingt – auch die Verantwortung dafür zu übernehmen und zu sagen: „Das tut mir leid, Entschuldigung." Diese Bereitschaft ist eine der wichtigsten Qualitäten, die es braucht, um auf dem neuen Weg voranzukommen.

Das Marmeladenbrot

Eine Mutter macht ihre Dreijährige für den Kindergarten startklar. Wecken, anziehen, frühstücken ... Ihrem Alter entsprechend will die Dreijährige alles alleine machen, auch die Marmelade aufs Brot schmieren. Als dieses „Alleine" gefühlt eine halbe Stunde dauert, fragt die Mutter, die pünktlich zur Arbeit will: „Soll ich helfen?" Daraufhin schiebt die Tochter ihren Teller wütend von sich und will gar nichts mehr essen. Da solche Hilfsangebote von der Tochter oft in dieser Weise beantwortet werden, ändert die Mutter ihr Verhalten: Sie wartet ab, bis die Tochter nach Hilfe fragt, was zu einem deutlich besseren Miteinander führt.

Diese Mutter hat ihre Tochter ernst genommen, aus deren Rückmeldung gelernt und ihr eigenes Verhalten darauf abgestimmt. Es geht nicht darum, dass Eltern ihre eigenen Bedürfnisse hintanstellen und nur tun, was für die Kinder am besten ist. Die Bedürfnisse der Eltern sind genauso wichtig. In diesem Beispiel hatte die Mutter sich jedoch dafür entschieden, ihrer Tochter mehr Zeit für ihr Lernen zu lassen. Es könnte jedoch genauso gut sein, dass die Mutter schneller loskommen will und „Fakten schafft", indem sie ihrer Tochter sagt: „Ich weiß, du willst es gerne alleine machen, aber ich habe es so eilig, deshalb schmiere ich jetzt ein Brot für dich, und das nehmen wir mit." Die Tochter wäre wahrscheinlich wütend, und es könnte sein, dass sie das Brot nicht will. Ja, so wäre das dann. Kinder können im Alltag nicht immer bekommen, was sie sich wünschen, das ist so. Wir auch nicht. Das aus meiner Sicht Wichtige dabei ist, dass jeder in dem, was er sich wünscht, ernst genommen wird. Wenn ich sage: „Du willst es alleine machen", nehme ich das Kind ernst. Wenn ich sage: „Jetzt habe ich schon so lange gewartet, das dauert bei dir so lange, ich will doch pünktlich los, du kannst das Brot ja auch unterwegs essen, es geht halt nicht immer nach deinem Willen ...", dann nehme ich das Kind und seinen Wunsch nicht ernst. Wichtig ist ebenso, auch die Verantwortung zu übernehmen für unser Tun: „Es tut mir leid, ich will pünktlich bei meiner Arbeit sein und weiß keine bessere Lösung." Ebenso wichtig finde ich, dass wir bereit sind, uns zu bewegen und die Wünsche und Bedürfnisse des Kindes miteinzubeziehen und unser Verhalten darauf abstimmen, anstatt die Anpassung rein von den Kindern zu erwarten.

Das alles sind Qualitäten, die Eltern heute im Angebot haben und die zuweilen schmerzlich vermisst werden in den Beziehungen zu den eigenen Eltern und Schwiegereltern.

Die Schwiegermutter

„Ich bin so stolz auf unseren Enkel! Er macht das so toll mit seinem Studium!" Daraufhin sagt die Schwiegertochter: „Das hast du nicht immer so gesehen. Als er klein war, hast du gesagt, er sei nicht normal, er würde immer gleich ausrasten und dass er zum Psychologen muss. Mich hat das als junge Mutter sehr gestresst". Daraufhin sagt die Schwiegermutter: „Ja, der war ja auch schrecklich."

Oft wird in Elternkursen darüber gesprochen, wie sehr es schmerzt, von den eigenen Eltern selbst jetzt nicht gesehen und ernst genommen zu werden, wenn diese nicht anerkennen, was war und wie ihre Erziehung – nach bestem Wissen und Gewissen – eben manchmal auch geschadet hat. Nicht selten erlebe ich, dass erwachsene Kinder ihren Kontakt aufgrund dieser mangelnden Bereitschaft, anzuerkennen, was war, und dafür auch die Verantwortung zu übernehmen, einschränken oder gar ganz abbrechen.

„Die armen, alten Eltern, die haben doch ihr Bestes gegeben und es nur gut gemeint." Ja, das stimmt. Doch gar nicht so selten erlebe ich, wie sehr Erwachsene unter der Beziehungsgestaltung und der Abwertung der eigenen Eltern leiden. Ein generationenübergreifendes, gemeinsames Weihnachten bedeutet nicht selten viel Stress für Familien. Jeder sollte frei sein, gut für sich zu sorgen, und das schließt mit ein, dass ich Beziehungen, die mir nicht gut tun, einschränke oder beende. Da meldet sich natürlich gleich das schlechte Gewissen.

Das schlechte Gewissen

Doch selbst wenn wir uns eine „Gut ist gut genug – ich mache das toll"-Karte an den Kühlschrank hängen – das schlechte Gewissen wird sich dennoch melden, denn unser Gehirn denkt ja nicht, was wir denken wollen, sondern nun mal das, was es selbst denken will. Dieses Eigenleben unseres Gehirns führt dazu, dass unser Gewissen unaufhörlich flüstern kann: Schlechte Mutter, schlechter Vater, wenn du nur dieses oder jenes getan hättest ... dann wäre es besser ... wenn du nur gelassener wärest, dann wäre es besser ...

Prinzipiell ist das Gewissen ja eine gute Sache. Es hat sich entwickelt, damit wir bestrebt sind, die Grenzen anderer zu wahren, denn eine stabile Gemeinschaft ist für uns Menschen wichtig, um zu überleben. Deshalb sind die Mechanismen, die zu einer guten Gemeinschaft führen, so tief in uns verankert. Mit voranschreitender Gehirnentwicklung war es den Menschen jedoch möglich, auch über Vergangenes und Zukünftiges nachzudenken, und so ist die Funktion unseres Gehirns, uns mittels des schlechten Gewissens in einer Gemeinschaft zurechtzufinden, etwas entartet. Heute reagiert unser Gewissen eben nicht nur auf Aktuelles, sondern es hat ein riesiges Archiv aus möglichen Gedanken zur Verfügung.

Angenommen, ich habe mein Kind angeschrien, weil es den Saft umgekippt hat, und jetzt habe ich ein schlechtes Gewissen. Das veranlasst mich dazu, mich bei ihm zu entschuldigen: „Tut mir leid, dass ich dich angeschrien habe, Entschuldigung. Heute ist mir alles zu viel. Ich arbeite daran, besser zu merken, wenn ich eine Pause brauche." Das könnte das „Happy End" sein, doch oft gibt unser Gewissen danach keine Ruhe. Ständig flüstert es: „Wie soll er denn ein gutes Selbstgefühl aufbauen, wenn du ihn wegen jeder Kleinigkeit anschreist? Du müsstest echt gelassener sein!" Und schon sitzen wir in der Ojemine-Falle.

Denn unser Gewissen erzählt eben gerne alte Geschichten aus unserer Kindheit, Sätze die zu uns als Kind gesagt wurden, und die plappert es jetzt nach. „Ich höre mich schon an wie meine eigenen Eltern." – Ja, genauso funktioniert das. Wir lernen nicht nur die Muttersprache, sondern auch, was wir über uns selbst und andere denken, wie wir uns mit ihnen fühlen, wie wir uns miteinander verhalten.

Glücklicherweise haben wir einen Verstand. Denn wenn wir diesen unaufhörlichen inneren Dialog wahrnehmen – alle Menschen reden mit sich selbst, die meisten allerdings nicht laut –, können wir prüfen: Finde ich selbst, dass ich mich anders verhalten sollte – oder sind es alte Geschichten über mich? (Hör auf mit dem Theater, benimm dich anständig, immer musst du das letzte Wort haben, sei nicht so egoistisch ...). Ich könnte mein schlechtes Gewissen freundlich begrüßen und einladen: „Ah, da bist du ja wieder. Was willst du mir sagen?" Und wenn ich ein bisschen zugehört habe, entscheide ich, ob das, was es mir sagt, für mich heute relevant ist und ein guter Hinweis – oder nicht. Manchmal ist das schlechte Gewissen ein guter Ratgeber, und manchmal eben auch nicht.

Wir brauchen unseren Verstand, um das zu unterscheiden. Das ist wie bei einem Krimi, den wir schauen. Wir haben Angst, obwohl wir ja wissen, dass der Mörder nicht unter der Couch liegt. Erst wenn wir unseren Verstand aktiv aufrufen, können wir dem Gruselgefühl entkommen und uns entspannen. So ist es auch mit dem schlechten Gewissen. Wir müssen mithilfe unseres Verstandes erforschen, ob es Angemessenes sagt oder nur uralte Geschichten aus unserer Kindheit erzählt.

Die Krippe

Beiden Eltern macht ihr Beruf viel Freude, daher lassen sie ihre achtzehn Monate alte Tochter täglich acht Stunden in einer Krippe betreuen. Der Vater findet das zumutbar, die Mutter hat deswegen ein schlechtes Gewissen. Sie fragt sich, ob es richtig ist, dass sie wieder arbeitet und ob sie nicht zu egoistisch sei.

Ich halte es für hilfreich, genau zuzuhören: Was genau sagt denn das schlechte Gewissen? Welche Anteile sind alt, und welche sind relevant für die jetzige Situation? Der alte Anteil könnte davon gespeist werden, wie dieser Mutter als Kind begegnet wurde, wenn sie ihrem Vergnügen gefolgt ist. War im Blick der Eltern Freude, oder war die Botschaft der Mutter: „Ich muss hier putzen und Madame geht schwimmen." Durfte sie ohne schlechtes Gewissen gut für sich sorgen, oder war sie dann „egoistisch"?

Und dann gibt es einen neuen Teil, der versucht, uns auf Angemessenes im Heute hinzuweisen: Ist es eine gute Idee für unsere Tochter, sie in dieser Weise betreuen zu lassen? Da Kinder mit dem kooperieren, was wir ihnen anbieten, können wir es manchmal nicht direkt am Verhalten des Kindes ablesen. Deshalb ist es hilfreich, sachliche Informationen zum Thema Frühbetreuung zu sammeln, zu analysieren und auszuwerten – und dann eine gute Entscheidung für alle Familienmitglieder zu treffen.

Und wenn das Kind schon in den Brunnen gefallen ist?

Die Beschneidung

Eine Mutter entschied sich dazu, dem Wunsch ihres Mannes nachzukommen, den Sohn nach religiösem Brauch beschneiden zu lassen. Als dieser siebzehn Jahre alt ist, macht er seinen Eltern schwere Vorwürfe und sagt, er würde sie hassen, weil sie ihm damit so viel Empfindsamkeit genommen haben.

Das Leben lässt sich nur vorwärts leben und rückwärts verstehen. Was wir zum Zeitpunkt unseres Tuns als sinnvoll erachten, kann sich später, mit mehr Informationen, Erfahrungen und einem anderen Blickwinkel als eine ungünstige oder sogar schädigende Entscheidung entpuppen. Diese Eltern taten, was sie zu diesem Zeitpunkt für richtig hielten, sie wollten ihrem Sohn nicht schaden. Das ist nicht mehr rückgängig zu machen, und so bleibt einzig die Möglichkeit, die Verantwortung dafür zu übernehmen und anzuerkennen, dass man dem eigenen Kind damit geschadet hat.

Eine Mutter fragte, wie man es denn schaffen kann, die eigenen ungünstigen Muster nicht an die Kinder weiterzugeben. Bei ihr wäre es so, dass sie oft zu viel geben (noch eine Geschichte vorlesen und noch eine ...) und es hinterher dem anderen vorwerfen würde („Du bist wie ein Fass ohne Boden, nie bist du zufrieden, egal wie lange ich vorlese.").

Es ist nicht möglich, man kann es nicht schaffen. Wir alle geben auch ungünstige Muster an unsere Kinder weiter, auch, weil wir sie oft erst dann bemerken, wenn wir selbst Eltern sind. Genauso treffen wir auch immer mal wieder ungünstige Entscheidungen, auch das lässt sich nicht vermeiden. Dann müsste ich mich entschließen, keine Kinder zu haben. Doch dann würden wir auch all die lebensbejahenden Dinge nicht weitergeben.

Wenn ich drohe unterzugehen mit diesem Schmerz, auch ungünstige Muster weiterzugeben, hilft mir der Gedanke daran, dass wir alle einen vielleicht zehn Kilogramm schweren Rucksack aufhaben, bepackt mit ungünstigen Mustern und Erfahrungen unserer Kindheit, manche tragen sogar noch schwerer. Mit diesem Rucksack können wir ganz gut leben. Wir sind glücks- und liebesfähig, schaffen unseren Alltag und können uns immer weiter entwickeln. Das ist toll! Etwas von diesem Gepäck geben wir eben auch an unsere Kinder weiter, das lässt sich nicht vermeiden. Doch der Rucksack unserer Kinder wird viel leichter sein als unserer. Von diesen zehn Kilogramm geben wir vielleicht ein Kilogramm weiter, weil wir bereit sind, die Kinder zu sehen und ernst zu nehmen und weil wir auch bereit sind, uns gemeinsam mit ihnen zu entwickeln und auch die Verantwortung für unser Handeln zu übernehmen. Das bedeutet: Das, was ihr braucht, um aus zehn Kilogramm ein Kilogramm zu machen, das bringt ihr schon mit. Und wenn wir mit zehn Kilogramm gut leben können, dann wird es mit nur einem Kilogramm ein beschwingter Spaziergang.

Es freut mich sehr, in einer Zeit leben zu dürfen, in der immer mehr Menschen sich auf den Weg machen und dazu beizutragen, ein echtes und warmes Miteinander zu gestalten – Menschen, die dazu beitragen, die Freude auf diesem Planeten zu mehren und das Leid zu mindern. Lasst euch nicht irre machen durch die Art der medialen Berichterstattung. Schaut mal ins Netz, wie viele Menschen ihre Gedanken und ihre Kreativität anderen zur Verfügung stellen, einfach aus der Freude daran, anderen zu helfen.

Kurz: Entspannt euch, wir sind auf einem guten Weg! Ihr macht das sehr gut!

Vertrauen

Jeder Mensch tut sein Bestes.

Darauf zu vertrauen, dass alle ihr Bestes tun, Kinder wie Eltern, ist das Fundament, auf dem ein echtes Miteinander steht. Jeder versucht, es gut zu machen, für sich und andere. Mit dieser guten Absicht ist es wie mit der Sonne. Sie ist immer da, aber wir können sie nicht immer sehen. Nachts würde niemand an der Existenz der Sonne zweifeln, nur weil wir sie nicht sehen können. Niemand würde sagen: „Na ja, ob es die Sonne gibt, da bin ich mir nicht so sicher ..." Auch die positive Absicht eines Menschen können wir nicht immer sehen, doch sie ist immer da, denn das ist der Kern des Menschen, so werden wir geboren.

Wenn man sich das weltpolitische Geschehen ansieht, könnte man zu dem Schluss kommen, dass der Mensch wohl kaum für ein friedliches Miteinander gemacht ist. Doch das ist eine Verzerrung, befördert durch die mediale Berichterstattung. Wenn man von weiter weg schaut, lässt sich das besser erkennen: Wie sah die Welt vor einhundert Jahren für Frauen aus, für homosexuelle Menschen, für Kinder? Heute sind wir sogar bereit, über unsere Art hinausgehende Rechte anzuerkennen. So machen wir uns zum Beispiel Gedanken darüber, ob Menschenaffen in Zoos leben sollten oder wie wir Tiere im Allgemeinen halten. Viele Menschen sind aus ethischen Gründen Vegetarier. So weit reicht unsere Empathie. Wir Menschen sind auf einem guten Weg, und es besteht die reelle Chance, dass wir es schaffen, schneller ein echtes Miteinander auf diesem Planeten zu etablieren als uns auszulöschen.

Der Saustall

Eine Mutter sagte: „Dass jeder Mensch sein Bestes gibt, das glaube ich nicht. Meine Schwägerin hatte Streit mit meiner zehnjährigen Nichte und wollte, dass sie ihren „Saustall“ aufräumt. Die Nichte sagte, sie fühle sich in ihrem Saustall sehr wohl, woraufhin die Schwägerin in einem Anfall von Zorn sämtlichen Inhalt der Schubladen und Schränke in die Mitte des Zimmers schmiss und meinte: „Du fühlst dich ja wohl im Saustall!“

Gibt auch diese Schwägerin ihr Bestes? Ja, auch sie gibt ihr Bestes, sowohl in ihrer Absicht als auch in ihren Möglichkeiten. Ihre Absicht ist es, für ihre Tochter eine gute Mutter zu sein. Keine Mutter, kein Vater steht morgens auf und sagt: Heute verhalte ich mich mal so, dass es meinem Kind so richtig schadet. Alle Eltern wollen das Bestmögliche für ihre Kinder, und dafür geben sie täglich mindestens 300 Prozent. Doch gerade hat diese Mutter den Kontakt zu sich selbst und zu ihrer Tochter verloren und fühlt sich nicht wertvoll für sie. Das erzeugt in ihr einen großen Stress, der sich in diesem destruktiven Aktionismus entlädt. Dennoch ist ihre Absicht, eine gute Mutter zu sein.

Auch nach ihrer Möglichkeit gibt diese Mutter ihr Bestes. Es war das Beste, was sie aufgrund ihrer Genetik, Epigenetik[1] und Erfahrung tun konnte. Bereits während der Schwangerschaft werden Gehirn und Psyche durch im Mutterleib gemachte Erfahrungen programmiert. Zum Beispiel prägt das Stresssystem der Mutter auf neuropharmakologische Weise das Gehirn und die Psyche des Ungeborenen und hat damit nachhaltigen Einfluss auf das Stressregulationssystem eines Kindes. So machen wir in unserem Leben Myriaden von Erfahrungen, die alle zur Programmierung von Gehirn und Psyche beitragen. All diese Erfahrungen werden verarbeitet und nach einer äußerst komplexen Verarbeitungsleistung kommen wir zu einem Ergebnis. Das ist dann in diesem Moment für uns die bestmögliche Handlung – und so handeln wir dann. Kein Mensch kann sich zu einem bestimmten Zeitpunkt anders verhalten, als er es tut, weil unsere Handlungen auf Anweisungen unseres Gehirns und unserer Psyche basieren, die aufgrund des Zusammenspiels von Genetik, Epigenetik und Erfahrung entstehen. Aber können wir nicht einfach was anderes wollen? Nein, denn unser Wille ist ja auch das Ergebnis dieser Verarbeitungsleistung.

Das ist uns auf anderen Gebieten völlig klar. Wenn jemand zu mir sagt: Mach mal einen Klimmzug, dann ist klar: Wenn ich das in diesem Moment nicht schaffe, dann schaffe ich es nicht. Ich kann in diesem Moment nicht sportlicher sein, als ich es bin. In Zukunft,

1 Epigenetik ist die Verbindung von Genetik und Erfahrung. Durch gemachte Erfahrungen werden Gene in ihrer Aktivität gesteuert, und diese Veränderung wird teilweise vererbt, sodass auch die Erfahrungen vorangegangener Generationen sich auf die Aktivität unserer Gene auswirken.

ja, vielleicht, aber jetzt nicht.

Die Freundin

Ich war angestrengt und brauchte dringend Ruhe, deshalb sprach ich meiner Freundin auf den Anrufbeantworter, dass ich an diesem Abend nicht zu ihrer Party käme. Kurze Zeit später rief sie zurück und wollte mich mit großem Engagement überreden, doch zu kommen, doch ich blieb bei meinem Nein. Etwas später rief eine Frau an und sagte, sie sei eine Freundin meiner Freundin. Sie habe gehofft, dass ich zur Party käme, denn sie wollte mich ein paar Dinge zu ihrem Sohn fragen. Ich ärgerte mich über meine Freundin, kam es mir doch vor, als wäre es ihr vor allem wegen ihrer Freundin so wichtig gewesen, dass ich komme. Jetzt wäre es viel einfacher, könnte ich denken: „Sie hat es gut gemeint, sie wollte ihrer Freundin helfen." Auch wenn ich es wollte, ich kann nicht einfach anders denken und fühlen.

So ist es im Zusammenspiel Gehirn und Psyche. Zu einem bestimmten Zeitpunkt kann sich jeder Mensch nur so verhalten, wie er sich eben verhält. Und in diesem Moment kommt diese Schwägerin zu dem Schluss: Das ist jetzt die bestmögliche Handlung. Sie hat das Beste gegeben, was ihr aufgrund ihrer Genetik, Epigenetik und Erfahrungen möglich war.

Natürlich ist das nicht das beste Ergebnis, aber es ist ihr bestmögliches Ergebnis. Sie hat ihr Bestmögliches getan, auch wenn das, was dabei herauskommt, nicht die wünschenswerteste Handlung ist. Da Lebensgeschichten nie optimal sind, kommen gerade in

Stresssituationen eben auch keine optimalen Handlungen heraus. Einige Menschen sind so schwer beschädigt worden, dass ihr freundlicher Wesenskern bis zur Unkenntlichkeit zerstört wurde. Aber im inneren Verlies sitzt dennoch ein Mensch, der sich aus tiefstem Herzen ein Miteinander wünscht. Wenn uns ein Bein abgehackt wurde, dann ist uns klar: Das wächst nicht mehr nach. Ebenso gibt es Erfahrungen, die unsere Psyche so stark beschädigen, dass wir nur lernen können, damit zu leben. Wir sind bestens ausgestattet, körperliche wie psychische Wunden zu heilen, doch nicht jede Wunde heilt völlig.

Es hängt also davon ab, welche Gene wir zum Beispiel zur Stressverarbeitung geerbt haben (die entspanntere Variante oder die, die gleich Großalarm auslöst), wie unser Genom aufgrund der Erfahrungen unserer Vorfahren und unserer eigenen verändert wurde, welchen frühkindlichen psychosozialen Prozessen wir unterworfen waren (was uns angeboten wurde, wenn wir Stress hatten, wie Hunger oder Angst) und welche Erfahrungen wir sonst noch so gemacht haben. All das verarbeiten Gehirn und Psyche und geben dann Anweisungen, was am besten zu tun sei, und so handeln wir dann – immer in dem Bestreben, es für uns und andere gut zu machen.[2]

2 Wenn jeder zu einem bestimmten Zeitpunkt nur tut, was er aufgrund seiner Gene und Erfahrungen tun kann: Sind dann Eltern, die ihre Kinder misshandeln, frei von jeglicher Schuld, denn sie konnten ja nicht anders? Nein, natürlich sind sie verantwortlich für das, was sie getan haben, auch wenn sie aufgrund ihres „Nicht-anders-gekonnt-haben" so handelten. Das Leben ist eben in sehr hohem Maße unfair, und nicht jeder zieht bei seiner Geburt ein Glückslos. Und natürlich ist es wich-

Danach kann die Mutter **nach**denken. Sie sieht das Entsetzen in den Augen ihrer Tochter, die Reaktionen von anderen, beschäftigt sich mit ihren aufgetauchten Gedanken ... Das wird Eindruck auf sie machen, und dann kann sie ihr Denken und damit möglicherweise auch ihr Handeln verändern. Doch in diesem Moment konnte sie nur tun, was sie tat. Es war ihre beste Möglichkeit, mit allem, was sie vom Leben bekommen hat. Hinterher ist man immer schlauer.

Veränderung ist möglich, solange wir atmen.

Die Zukunft ist offen, weit offen. Wir alle können uns dank eines sehr plastischen Gehirns entwickeln, solange wir atmen. Unser Gehirn ist für Veränderung gemacht. Gehirn und Psyche sind wie eine Bibliothek, in der viele Bücher stehen, die ständig neu sortiert und ergänzt werden. Bedingt durch Genetik und Epigenetik stehen dort bei der Geburt eines Kindes schon unzählige Bücher, nach der Geburt kommen minütlich viele weitere dazu.

Viele der Bücher stellen wir Eltern unseren Kindern ins Regal, Die Bücher, die wir den Kindern vererben, wählen wir in den seltensten Fällen bewusst aus. Wir haben sie von unseren Eltern bekommen, und diese hatten sie von ihren Eltern und diese wiederum von ihren Eltern ... Ähnlich wie Gene werden

tig, Kinder vor schädigenden Eltern zu schützen, doch halte ich es für angebracht, anzuerkennen, dass diese Eltern schwer beschädigt wurden und aus diesem Grund nicht besser für ihre Kinder da sein können. Begleiten statt verurteilen, das wäre für mich eine gute Herangehensweise.

auch diese Bücher vererbt. In ihnen steht, wie wir Beziehungen gestalten, wie wir mit Konflikten umgehen, was wir über uns selbst und andere denken, wie wir mit Stress umgehen ...

Das Dreirad

Im Kindergarten zieht ein Dreijähriger einen anderen Dreijährigen an den Haaren, um diesen vom Dreirad zu bekommen, mit dem er selbst gerne fahren will. Eine Pädagogin kommt dazu, fasst ihn am Arm und sagt: „Das machen wir hier nicht!" Der Dreijährige wendet seinen Kopf ab und sagt: „Du sollst mich nicht so anschauen." „Doch, das mache ich aber, wenn du andere an den Haaren ziehst."

Vielleicht ist es so, dass in der Bibliothek dieser Pädagogin nur ein dünnes Buch über ein würdiges Miteinander steht, weil sie es selbst nicht oft erlebt hat, und so ist das Buch unter Stress in die zweite Reihe gerutscht. Das Gute ist: Wir Menschen sind besonders gut geeignet, Bücher untereinander weitergeben, durch Worte und vor allem durch unsere eigenen Handlungen und Haltungen. Das funktioniert ein wenig so wie Temperaturübertragung. Wenn ich ein Glas mit kaltem Wasser eine Zeit lang in der Hand halte, erwärmt sich das Wasser. Ebenso überträgt sich auch meine Haltung, einfach durch meine Anwesenheit. Die nonverbale Botschaft, die ich sende, kommt beim anderen an – durch meine Mimik, Gestik, Körperspannung, Pheromone ... Auch meine Stimmmelodie transportiert meine Haltung mehr als meine Worte. Der andere kann hören, was ich denke. So spürt diese Pädagogin genau, wie ich zu ihr stehe und was ich über sie denke. Verurteile ich sie dafür, wie sie sich verhält, oder bin ich mit ihr empathisch und vertraue darauf, dass auch sie ihr Bestes gibt? Wenn ich an ihre gute Absicht glaube und auch daran, dass sie ihr Bestes tut, könnte es gut sein, dass sie sich für meine Bücher interessiert. Vor allem dann, wenn ich mir bewusst darüber bin, dass auch ich eine Menge Schundliteratur im Regal stehen habe und von Zeit zu Zeit Leseempfehlung gut gebrauchen kann. Wir Menschen brauchen einander, um uns gut entwickeln zu können. Gemeinsame Entwicklung gelingt jedoch nur, wenn ich dieses Vertrauen habe. Das hindert mich ja nicht daran, einzuschreiten. Doch tue ich es augenrollend, verurteilend – oder in dem Wissen, dass sie gerade ihr Bestmögliches tut?

Jemandem, der sich anders verhält, als wir uns das wünschen, freundlich und wohlwollend zu begegnen, an dessen Sonne zu glauben, ist mir und wohl den meisten Menschen nicht immer möglich. Ich erinnere mich noch sehr genau an meinen ersten Elternkurs, in dem auch eine Lehrerin war:

Die Brötchentüte

Weil ein Zehnjähriger sich während einer Klassenfahrt nicht an den Diensten beteiligte, hängte die Lehrerin die Brötchentasche samt Geld von außen an die Tür, schob ihn hinaus und sagte zu ihm: „Du kommst erst wieder rein, wenn du Brötchen geholt hast. Hier muss jeder mitarbeiten."

Ich weiß noch, wie ich dachte, dass man doch so mit Kindern nicht umgehen kann und dass sie den Jungen gefälligst anständig behandeln soll. Gleichzeitig war ich mir bewusst, dass ich es selbst nicht schaffte, die Lehrerin in meinen Gedanken anständig zu behandeln. Über diese Diskrepanz in mir ärgerte ich mich. Ich wollte so gerne auch an die guten Gründe dieser Lehrerin glauben, aber mein Gehirn weigerte sich und dachte, was es eben dachte. Schöner Mist! Es dauerte einige Jahre, bis ich zuverlässig auch an die Sonne der Erwachsenen glauben konnte.

Ein Vater sagt, sein Verstand würde dem zustimmen, dass jeder Mensch sein Bestes tut, doch er könne das nicht fühlen. Ich habe die Erfahrung gemacht, dass dieser Gedanke – „Jeder Mensch tut sein Bestes" – ein großes Entfaltungspotential hat. Wenn er erst einmal in unserem Gehirn ist, hält er sich fest und kommt automatisch immer weiter zur Entfaltung. Ich glaube, dass wir tief in uns spüren können, dass sich das richtig anfühlt: Jeder Mensch tut sein Bestes!

Was folgt daraus?

Wenn wir davon ausgehen, dass jeder Mensch sein Bestes tut und zu einem bestimmten Zeitpunkt nur so handeln kann, wie er es tut, was bedeutet das für unser Miteinander? Zum einen brächte es mehr Verständnis und Freundlichkeit für uns selbst:

Der umgekippte Apfelsaft

Eine Mutter sitzt mit ihren Kindern beim Abendessen, sie will beide schnell ins Bett bringen, weil sie dringend eine Pause braucht. Dann kippt das Kind den Apfelsaft um, und die Mutter schreit: „Mensch, pass doch mal auf, schon wieder so eine Sauerei! Der ganze Schlafanzug ist nass!" Anschließend geißelt die Mutter sich und denkt über sich selbst: „Du bist so unfähig! Wie soll er denn lernen, dass er okay ist, wenn du ihn ständig so fertig machst ..."

Niemand will sein Kind anschreien, und dennoch kommt das bei vielen Eltern vor, weil wir alle nicht aus unserer Haut können. Niemand hat sich selbst gemacht. Könnten Eltern darauf vertrauen, dass jeder Mensch sein Bestes tut, auch sie selbst, könnten sie freundlicher zu sich selbst sein. Sie könnten ihr eigener Freund sein und einfach zu ihrem Kind sagen: „Tut mir leid, ich habe gar nicht gemerkt, wie angestrengt ich war. Ich hätte schon längst eine Pause machen sollen. Entschuldigung!" – ohne anschließende Selbstgeißelung, weil wir ja wissen: Auch ich komme in Frieden und gebe mein Bestes! Besser ging gerade nicht.

Das hindert uns ja nicht daran, besser zu werden, also daran zu arbeiten, schneller zu erkennen, wann wir Pause brauchen, zu erkunden, woran wir das merken, und auch zu lernen, was wir dann tun können. Denn viele Menschen haben in ihrer Kindheit nicht gelernt, Überforderungssituationen und Stress be-

wusst wahrzunehmen und angemessen darauf zu reagieren.

Zum anderen brächte es Verständnis und Freundlichkeit für andere: Kinder, Partner, Bekannte und
Unbekannte.

Der Schulweg

*Eine Mutter brachte ihren Sohn auch in der vierten
Klasse immer noch in den Klassensaal. Die anderen Kinder machten sich darüber lustig, er sei noch ein Baby
und würde wohl auch noch am Busen trinken. Sie machten schmatzende Geräusche, wenn der Junge in die Klasse gebracht wurde. Die Lehrerin war verzweifelt, denn
sie hatte in sehr vielen Gesprächen bis hin zu Verboten
versucht, die Mutter davon abzuhalten. Es stellte sich
heraus, dass diese Mutter ihren Bruder verloren hatte,
als sie zehn und er acht Jahre alt war. Er wurde überfah-
ren, weil – so war es in ihrem Kopf – sie nicht mit ihm
zur Schule laufen wollte. Auch wenn ihr Verstand wusste,
dass sie ihrem Sohn damit schadete, sie brachte es nicht
fertig, ihn alleine gehen zu lassen.*

Jeder trägt seine Erfahrungen mit sich, und manche Erfahrungen wirken lange, einige sogar ein Leben
lang. Sie wirken in unser heutiges Handeln hinein.
Viele unserer Erfahrungen, die uns leiten, machen
wir, noch bevor wir Sprache und ein autobiographi-
sches Gedächtnis entwickelt haben, und deshalb
haben wir keine Worte dafür und können die Quelle
unseres Verhaltens nur selten bewusst zuordnen. Dadurch können wir scheinbar „unsinniges" Verhalten

oft nicht verstehen. Wir können jedoch in tiefer De-
mut darauf vertrauen, dass wir alle in Frieden kommen und Gutes wollen – für uns und andere.

Ein Vater brachte es so auf den Punkt: „Du hast
gesagt: Kinder kommen in Frieden, und alle anderen
Menschen auch. Das war mir vorher nicht klar. Und
eigentlich geht es doch dann nur darum, dass wir
uns freundlich begegnen und gut miteinander leben,
oder?" Ja, so sehe ich das auch.

Gleichwürdigkeit

Es gibt verschiedene Worte für das, was ich jetzt beschreiben will. Ich bevorzuge das von Jesper Juul geschaffene Wort der Gleichwürdigkeit, weil es für mich am besten ausdrückt, worum es geht: Dass alle Menschen die gleiche Würde haben – unabhängig von Geschlecht, Alter, Herkunft, Handicap, Glauben oder Nichtglauben, Aussehen, Kultur, Verhalten ... Infolgedessen wird der Würde und der Integrität eines jeden Menschen der gleiche Respekt entgegengebracht. Somit haben die Bedürfnisse, Wünsche und Anschauungen aller Menschen den gleichen Wert. Gleichwürdigkeit ist eine der wichtigsten Gelingensbedingungen für ein echtes Miteinander.

Das bedeutet, egal, ob ich ein Kind oder ein Erwachsener bin, ein Mann oder eine Frau, ein Mädchen oder ein Junge, Gläubiger oder Atheist, alt oder jung, ob ich aus der Türkei oder aus Deutschland stamme ... – jeder Mensch besitzt die gleiche Würde. Die meisten Menschen in unserer Gesellschaft würden dem wohl zustimmen, doch zu begreifen, was das wirklich bedeutet, und das auch im Alltag leben zu können, dafür brauchen wir noch mehr Bewusstsein und Übung. Gleichwürdigkeit ist für die meisten Menschen, auch für mich, eine lebenslange Lernaufgabe. Deshalb will ich jetzt ein paar Alltagsbeispiele beschreiben, um zu zeigen, was das im Alltag bedeutet. Bezogen auf das Geschlecht eines Menschen oder auf seinen Glauben fällt es uns leicht, die gleiche Würde eines Jeden anzuerkennen, doch in Bezug auf Wünsche, Anschauungen oder gar Verhalten ist es uns oftmals nicht bewusst, dass Gleichwürdigkeit fehlt.

Gleichwürdigkeit bezogen auf unterschiedliche Wünsche

Das Karussell

Ein dreijähriges Mädchen will nach den vereinbarten drei Runden im Karussell nicht aussteigen. Sie schreit und wehrt sich gegen die Versuche des Vaters, sie zum Aussteigen zu bewegen.

Wenn alle Wünsche den gleichen Wert haben, heißt das, wenn mein Kind nach drei Fahrten Karussell nicht aussteigen will, dass ich warten muss, bis das Ding schließt, weil sein Wunsch den gleichen Wert hat wie meiner? Nein, das ist damit nicht gemeint. Einen Wunsch wahrzunehmen und ernst zu nehmen bedeutet nicht, dass ich ihn erfüllen muss. Wichtig ist, ihn *wirklich* ernst zu nehmen. Angenommen, ich sage zu meinem Kind, das nicht aussteigen will: „Steig jetzt bitte aus. Wir haben ausgemacht, nach drei Mal ist Schluss", und erwarte, dass es ohne „Theater" aussteigt, dann nehme ich es nicht ernst. Denn damit sage ich auch: Nach drei Runden nochmal fahren zu wollen, ist verkehrt. Dein Wunsch ist falsch, du denkst und handelst falsch. Du solltest besser so denken wie ich, nämlich dass wir eine Regel ausgemacht haben, und daran hält man sich.

Ein Vater sagte dazu: „Aber ich will ja auch, dass es anders denkt, zum einen, weil wir ausgemacht haben, dass es aussteigt, und auch, weil ich kein brüllendes Kind aus dem Karussell schleppen will." Sicher haben wir das mit dem Kind ausgemacht, aber das war ein „Vertrag" mit minderjährigen Abhängigen, das hätte selbst juristisch keinen Bestand. Das Kind wollte in das Karussell, und da es die Bedingungen nicht frei wählen kann, sagt es zu allem ja; Hauptsache, es kann fahren. Wenn es sagen würde: „Drei Mal ist mir zu wenig, ich will den ganzen Tag fahren", das würden wir vermutlich nicht erlauben. Die Taktik, sich erst mal auf drei Fahrten zu einigen (die hat man dann schon mal sicher) und dann nachzuverhandeln, scheint da die bessere Alternative zu sein.

Dass der Vater kein schreiendes Kind aus dem Karussell tragen will, ist klar. Und weil es für uns anstrengend ist, wenn unser Kind weint oder frustriert ist, versuchen wir, es von unserem Standpunkt zu überzeugen. Denn wenn es einsehen würde, dass unser Standpunkt der richtige ist, dann hätten wir keinen Konflikt mehr. Wir wissen alle, das funktioniert nicht. Denn Kinder antworten nach solchen Erklärungen ja nicht: „Oh, hatte ich ganz vergessen, dass wir das ausgemacht haben. Wenn das so ist, steige ich natürlich aus." Egal, was wir sagen (es sei denn, wir versprechen ihm einen Hund – und das wird spätestens ab dem dritten Hund ein Problem), es wird nicht aussteigen, wenn es nicht will. Alle anderen Kinder fahren schließlich auch noch.

Solche Überzeugungsversuche sind jedoch nicht nur wirkungslos, sie verletzen auch. Eine Mikroverletzung, aber eine Verletzung. Kinder können nicht unterscheiden, ob sie eine Rückmeldung bekommen aufgrund ihres Verhaltens (nicht aussteigen) oder aufgrund ihrer Person (ich bin verkehrt), und ich behaupte, dass es vielen Erwachsenen auch schwer fällt. Bekommen Kinder eine Rückmeldung aufgrund ihres Verhaltens, die kritisierend, belehrend oder moralisierend ist, haben sie das Gefühl: Ich bin ein schlechter Mensch – und fühlen sich wertlos. Was so dramatisch klingt, ist für die Kinder wirklich dramatisch. Das kann man sogar im Hirnscan messen: Wenn Kinder für ihr Handeln kritisiert werden, wird ihr Schmerzzentrum getriggert. Wir haben nur ein einziges Schmerzzentrum, und egal, ob ich ein Kind trete (körperlicher Schmerz) oder ob ich es kritisiere (sozialer Schmerz), im Gehirn wird das Schmerzzentrum alarmiert und Adrenalin wird ausgeschüttet. Wird ein Kind kritisiert wird, geht es für das Kind nicht länger darum, ob es weiter Karussell fahren darf. Jetzt geht es um die Frage: Bin ich ein anständiger Mensch? Und weil die Kinder dann anfangen, um ihre Würde zu kämpfen, dauert es so lange, bis sie sich wieder beruhigen.

Wie kann ich denn dann sagen, was ich will? Das ist eigentlich ganz einfach: Ich sage, was *ich* will.

Es gibt tausende von Büchern über Ich-Botschaften (die eine Mutter mal sehr treffend als eine „Über-mich-Aussage", eine ÜMA, definierte), doch für mich ist es ganz kurz: Denke und spreche ich über mich, dann ist es eine Ich-Botschaft, denke und rede ich über den anderen, eine Du-Botschaft. Das können die gleichen Worte sein, doch unsere Stimmmelodie und Körpersprache transportiert den eigentlichen Kern. Wenn du magst, mache folgenden Selbstversuch: Denke genervt an dein Kind, vielleicht weil es gerade das Bad flutet, und sage: „Was machst du denn?" Und jetzt stell dir vor, wie du interessiert an dem bist, was dein Kind gerade tut, und du sagst wieder: „Was machst du denn?" Das erste ist eine Du- das zweite eine Ich-Botschaft. Die meisten Menschen brauchen etwas Übung, um sich selbst zu verstehen und zu merken: Über wen rede ich jetzt gerade? Über mich und das, was ich mir wünsche und vorstelle – oder über den anderen und über das, was er tun oder eben nicht tun soll? Anfangs ist es schwierig, beides für sich zu unterscheiden, ein bisschen wie Blindenschrift lesen in einem selbst. Hier hilft es, sich selbst zu beobachten und zu üben.

Das Kind, das weiter Karussell fahren will, ernst zu nehmen, kann so klingen: „Du willst noch mal fahren, und ich will es nicht." Damit sage ich: ich habe deinen Wunsch gehört, ich nehme ihn ernst, und ich will ihn nicht erfüllen. Ein gesundes Kind wird seine Frustration sehr deutlich machen. Aber das bedeutet nicht, dass ich es verletze, sondern nur, dass es frustriert ist und um seinen Wunsch kämpft. Mehr passiert dabei nicht.

Ich nehme mich und das Kind wahr und ernst, dann schaue ich, ob und inwieweit ich die Gedanken, Wünsche, Vorstellungen des Kindes miteinbeziehen kann, und dann entscheide ich mich. Ich darf nein sagen, und das Kind darf frustriert sein.

Sehr wichtig ist das Wort „Einbeziehung" dabei. Es geht um echte, wahrhaftige Einbeziehung, denn sonst wird das Ganze ein bisschen kalt: Ich hab deinen Wunsch gehört, ich will es nicht, sei frustriert. Das ist damit nicht gemeint, sondern es ist nur dann wirklich gleichwürdig, wenn ich das Kind mit seinen Vorstellungen und Wünschen wirklich ernst nehme und ernsthaft versuche, es miteinzubeziehen, wenn das für mich möglich ist: Wenn ich seit Stunden unterwegs bin mit drei kleinen Kindern und nur noch nach Hause will – dann ist es für mich eine gute Idee, gut für mich zu sorgen, dann entscheide ich mich gegen Einbeziehung. Wenn ich aber lediglich kein Geld mehr ausgeben will, und das Kind sagt: „Ich bezahle das von meinem Geld", dann wäre Einbeziehung für mich eine gute Idee.

Es liegt in meiner Verantwortung, darüber zu entscheiden: Einbeziehung, ja oder nein, und wenn ja, in welcher Form. Es verletzt Kinder nicht, wenn ich den Wunsch nicht erfülle, doch es ist nicht gleichwürdig, wenn ich nicht wahrhaftig darüber nachdenke.

Oft ist es ein Aha-Erlebnis für Eltern, wenn sie statt der verletzenden Überzeugungsversuche nach dem Motto „Denke einfach so wie ich" schlicht in einer echten Ich-Botschaft sagen, was sie wollen und dem Kind Zeit geben, mit ihrer Entscheidung klar zu kommen. Nach vier oder fünf Minuten hat das Kind seine Frustration, jetzt nicht zu bekommen, was es sich am meisten wünscht, verarbeitet und kommt wieder zur Ruhe. Und weil die Wahrscheinlichkeit gegen Null geht, dass das Kind nach den Worten „Du willst noch mal fahren, und ich will es nicht", aussteigen wird, gibt es im Kapitel „Konflikte" mehr dazu.

Gleichwürdigkeit bezogen auf unterschiedliche Anschauungen

Dass Erwachsene manche Dinge bestimmen, wissen Kinder, doch es ist ihnen wichtig, dass die Erwachsenen nicht über ihre Meinung bestimmen wollen. Folgendes Beispiel erzählte ein Vater, sehr stolz darüber, dass seine sechsjährige Tochter schon ganz genau weiß, was Gleichwürdigkeit bedeutet:

Der Schreibtischstuhl

Als ein zehnjähriger Junge in die fünfte Klasse kommt, will er seine Hausaufgaben zukünftig nicht mehr in der Küche erledigen, sondern in seinem Zimmer. Dazu wollen die Eltern ihm einen Schreibtischstuhl kaufen. Das hört seine jüngere Schwester, die daraufhin auch einen haben will. Ihr Vater sagt zu ihr: „Aber du brauchst doch keinen", und sie antwortet: „Papa, du kannst darüber bestimmen, ob ich einen bekomme, aber du kannst nicht darüber bestimmen, ob ich einen brauche."

Jeder hat das Recht, eine eigene Meinung zu haben, und ich kann als Erwachsener nicht darüber bestimmen, was Kinder zu denken haben; auch das meint Gleichwürdigkeit.

Die verkauften Tickets

In einem Schulprojekt habe ich gemeinsam mit Kindern der dritten und vierten Kasse eine Geisterbahn gebaut, in der die Kinder die Geister waren. Wir hatten berechnet, dass 160 Fahrgäste mitfahren konnten, ehe die Geister schlapp machen würden. Das bedeutete, nicht alle Kinder der Schule konnten ein Ticket bekommen. Deshalb vereinbarten wir, dass jeder Geist zehn Tickets verschenken durfte. Eine Lehrerin teilte mir mit, dass einige Kinder die Karten verkauft oder gegen Kakao getauscht hätten, und meinte, ich solle doch bitte klarstellen, dass das nicht ginge. Doch das wollte ich nicht tun. Ich habe alle zusammengerufen und gesagt: „Ich habe gehört, dass einige ihre Tickets verkauft haben." Und schon ging es los, jeder hatte eine Meinung dazu. Ein Junge meinte, sein Vater würde so Geld verdienen, ein anderer meinte, er fände das ungerecht, weil man damit andere ausnutzt und so weiter. So haben wir ein Buffet aus verschiedenen Gedanken und Meinungen aufgebaut, sodass sich jeder davon nehmen konnte, was zu ihm passte – im tiefen Vertrauen darauf, dass Kinder es gut machen wollen.

Hinter der Aufforderung der Lehrerin, ich solle klarstellen, dass das nicht geht, stand vielleicht der Wunsch, Kindern auf diese Weise Moral beizubringen, ihnen also zu sagen, was richtig und was falsch ist – damit sie es verstehen und zu anständigen Menschen heranwachsen. Doch diese Mühe muss ich mir gar nicht machen, denn Kinder sind ja Menschen. Sie haben den Drang und die Fähigkeit, alles zu lernen, was sie brauchen, um gut mit sich und anderen klar zu kommen. Sie entwickeln es einfach im Zusammensein mit anderen Menschen.

Kinder entwickeln Moral wie eine Sprache. Wir sprechen, und Kinder lernen – perfekt – unsere Sprache. Wie kein anderes Tier ist der Mensch in der Lage zu perfekter Nachahmung. Deshalb sprechen wir, Schimpansen nicht. Wir müssen Sprache dazu nicht erklären: „Schau mal, es gibt Aktiv und Passiv, Vergangenheitsformen und Zukunft, den Imperativ, den Genitiv und den Dativ ... Nein, wir sprechen, und Kinder lernen sprechen. So ist es auch mit der Moral. Wir verhalten uns, und Kinder lernen dabei Moral. Ähnlich wie sie aus der Sprache grammatikalische Grundsätze herausbilden, passiert das auch beim Verhalten. So wie wir uns verhalten – uns selbst und anderen gegenüber – so lernen sie, sich zu verhalten. Wir können Kindern also nicht vorschreiben, was sie unserer Meinung nach für moralisch angemessen zu halten haben, sondern sie extrahieren es aus unserem Verhalten.

Der Tee

Eine Familie kam in die Beratung, weil ihr achtjähriger Sohn die Grenzen anderer nicht beachten würde, weshalb er Probleme in der Schule und im Sportverein hätte. Zu Beginn der Familienberatung nahm die Mutter die angebotene Tasse Tee, der Vater wollte Wasser. Der Tee roch so gut für den Vater, dass er einen Schluck bei seiner Frau probieren wollte. Diese meinte jedoch, er solle sich eine eigene Tasse nehmen. „Lass mich doch nur mal probieren." „Nein, mein Tee." Schließlich nahm er ihre Tasse und trank einen Schluck daraus, gegen den Willen seiner Frau. Als sie geschildert hatten, weshalb sie gekommen waren, habe ich ihn gefragt: „Wenn deine Frau nein sagt, stoppst du dann?" Die Frau wusste sofort, was ich meinte, er hat etwas überlegt oder so getan, als würde er überlegen. „Also nein?" „Na ja, also, nicht immer." „Ich denke, euer Sohn hat es von dir gelernt. Er macht es einfach nur nach." Dem Vater war es peinlich, etwas so Offensichtliches nicht gesehen zu haben. Deshalb habe ich zu ihm gesagt: „Wenn du deine Hand direkt vor deine Augen hältst, kannst du nicht sehen, dass es eine Hand ist, doch wenn du sie nur zehn Zentimeter weiter weg hältst, ist sie eindeutig zu erkennen. So ist es auch hier, du bist so nah dran, weil du deinen Sohn ja liebst, und ich bin viel weiter weg."

Das Handyverbot

Eine Mutter fragte: „Wenn verschiedene Anschauungen den gleichen Wert haben, was mache ich dann mit meinem Mann? Wir haben nämlich sehr unterschiedliche Erziehungsvorstellungen. Wenn die Kinder (zehn und dreizehn Jahre alt) sich nicht so verhalten, wie er will, zum Beispiel wenn sie den Müll nicht runter bringen, dann erpresst er sie und sagt, sie dürften dann ihr Handy nicht haben oder nicht an den PC. Dann wäre ja seine Vorstellung genauso richtig wie meine."

Ja, auch das meint Gleichwürdigkeit. Ihr Mann hat das gleiche Recht wie sie, seine eigenen Vorstellungen, wie er erziehen möchte, zu haben und zu leben. Er ist von der Richtigkeit seiner Erziehung genauso überzeugt wie sie von ihrer. Aber schadet es den Kindern nicht, wenn er ...? Kinder zu bestrafen, weil sie nicht gehorchen, ist nicht das, was ich empfehle. Was ich jedoch auch nicht empfehle, ist, den Vater zu demontieren. Er ist einer der beiden wichtigsten Menschen im Leben der Kinder. Sicher streiten Eltern auch darüber, wie die gemeinsamen Kinder am besten begleitet werden können, und sehr oft gibt es ganz unterschiedliche Vorstellungen. Die Art und Weise, wie sie mit diesen unterschiedlichen Meinungen umgehen, beeinflusst, ob die Kinder den Wert Gleichwürdigkeit daraus ableiten können. Unser Tun entscheidet darüber, ob es „ankommt". Ähnlich wie bei einer Sprache: Sie muss gesprochen werden, damit Kinder sie lernen können.

Der Ausflug

Ein Paar will mit seinen beiden Kindern einen Ausflug mit dem Fahrrad machen. Der Vierjährige sitzt schon in Position, doch sein Lenker ist um 180 Grad verdreht. Voller Erwartung wartet er auf das Signal, dass es losgeht. Der Vater sagt: „Dein Lenker ist verdreht, dreh ihn mal richtig rum." Der Vierjährige ist jedoch nicht davon zu überzeugen, er will so losfahren. Der Vater, schon etwas genervt, sagt: „Mach es jetzt einfach, ich weiß, dass es so nicht geht. Du machst das Rad noch kaputt, oder du fällst hin", woraufhin der Sohn zu Boden schaut. Die Mutter verdreht nur die Augen mit der Botschaft: „Immer musst du so grob mit ihm sein. Er hält sich ja schon für dumm."

Wenn die Mutter dem Vater zu verstehen gibt: „Verhalte dich anders, so bist du kein guter Vater!", dann geraten Kinder in einen Loyalitätskonflikt: Zu wem soll ich halten? Das bedeutet für Kinder enormen Stress. Es gibt Kinder, die leben im ständigen Kriegsgebiet der Eltern, und das ist so anstrengend für sie. Wenn Kinder jeden Tag erleben müssen, dass die verantwortlichen Erwachsenen in so einem destruktiven Kontakt sind, egal ob laut oder leise, kommen sie zu dem Schluss: Ich bin eine Belastung. Es liegt in der Verantwortung der Eltern, das zu beenden. Auch für das Paar ist es pures Gift. Es vergiftet das Miteinander und mündet nicht selten in gegenseitigen Vorwürfen. Hilfreicher ist es aus meiner Sicht, über ihre unterschiedlichen Vorstellungen und Wünsche zu sprechen, einander zu sagen, was sie bewegt und antreibt, welche Gefühle das Erlebte in ihnen auslöst. Aus meiner Sicht wäre es eine gute Idee, beide Eltern würden eine lernende Gemeinschaft bilden: Er könnte mit ihrer Hilfe lernen, wie er etwas (inhaltlich völlig Sinnvolles) sagen kann, ohne seinen Sohn verkehrt zu machen. Und sie könnte lernen, wie sie ihrem Mann gute Gedanken anbietet, ohne ihn verkehrt zu machen. Die Art und Weise, wie beide Eltern miteinander umgehen, wenn sie unterschiedlicher Meinung sind, macht großen Eindruck auf Kinder. So lernen sie Konflikte, auszuhalten und manchmal auch zu lösen.

Aber wo ist Schluss? Wie weit kann ich das Verhalten meines Partners mittragen? Alles kann und sollte man doch nicht tolerieren, oder? Stimmt, das finde ich auch.

Gleichwürdigkeit bezogen auf unterschiedliches Verhalten

Im Schwimmbad

Eine Mutter ist mit ihrem sechsjährigen Sohn im Schwimmbecken, er klammert sich ängstlich an sie. Sie ist wütend und sagt: „Du kannst schwimmen, und du schwimmst jetzt." Er lässt sie nicht los. Sie sagt: „Soll ich den anderen Kindern in deiner Klasse mal erzählen, was du für ein Baby bist, da hätten die aber was zu lachen." Sie macht sich los und sagt: „Schwimm jetzt!", watet Richtung Beckenrand, während der Sohn panisch versucht, hinterher zu schwimmen.

Vielen wird es schwer fallen, dieser Mutter gleichwürdig zu begegnen, sie also nicht abzuwerten, zu belehren oder zu kritisieren – egal ob in Gedanken oder in ausgesprochenen Worten. Doch ganz gleich, wie diese Mutter sich in dieser Situation ihrem Sohn gegenüber verhält, sie hat die gleiche Würde wie alle anderen Menschen, sie verdient den gleichen Respekt. Das meint Gleichwürdigkeit.

Hier brauchen wir das Vertrauen darauf, dass jeder Mensch im Rahmen dessen, was er bekommen und erfahren hat, sein Bestes gibt. Vielleicht hat sie angeboren weniger Empathie zur Verfügung, vielleicht hat sie auch selbst wenig Empathie erfahren, vielleicht hat sie selbst Angst im Wasser, und ihre Strategie bei Angst ist „Augen zu und durch", und das fordert sie jetzt auch von ihrem Sohn, vielleicht denkt sie, eine gute Mutter zu sein, wenn sie „durchgreift", damit ihr

Sohn später im Leben zurechtkommt, vielleicht ... Es gibt unglaublich viele mögliche Gründe, wie sie dazu gekommen sein könnte, sich so zu verhalten. Nur eins ist sicher: Sie tut ihr Bestes.

Wir können nur dann einen Unterschied machen, wenn wir in der Lage sind, anderen mit Respekt zu begegnen – denn nur so werden Bücher über Respekt weitergegeben. Respekt bedeutet, dass ich anerkenne, dass jeder Mensch sein Bestes tut.

Aber ist sie denn in diesem Moment nicht eine schlechte Mutter? Eltern sind weder gut noch schlecht, Eltern sind – und sie tun ihr Bestes. Punkt. Menschen tun, was sie tun, aus unterschiedlichsten Gründen, und ich kann schauen, wie ich mich dazu verhalten will. Ich darf mich durchaus einbringen. Doch wann mische ich mich ein, und wie mische ich mich ein?

Die Frage nach dem Wann ist für mich vergleichbar mit einer Ampel: Manches Verhalten ist für mich Grün: Ich finde es gut, ich akzeptiere es (vom lateinischen „accipere" für gutheißen, annehmen). Manches ist Orange, ich toleriere es lediglich (vom lateinischen „tolerare" für erdulden, ertragen). Doch manche Verhaltensweisen sind für mich Rot. Das kann ich nicht hinnehmen, und ich werde aktiv. Bei welchen Verhaltensweisen unsere Ampel jeweils umspringt, ist individuell sehr verschieden.

Wenn meine Ampel auf Rot springt, ist die Frage, wie kann ich reagieren? Wie kann ich dem Jungen, der gerade große Angst hat, helfen, ohne die Mutter dabei zu demontieren und damit dem ganzen System zu schaden? Wie kann ich also Hilfe anbieten, ohne jemanden dabei verkehrt zu machen?

Eine andere Mutter hat dem Jungen eine Schwimmnudel hingehalten. „Halt dich fest, ich ziehe dich an Land." Das hat er gemacht. Am Beckenrand angekommen hat sie die Wut der Mutter zu spüren bekommen. Die Mutter hat die Frau angedonnert: „Können Sie vielleicht mein Kind in Ruhe lassen?" „Nein, das war mir echt zu heftig." Ich hatte den Eindruck, dass diese Frau für den Jungen gehandelt hat, jedoch nicht gegen die Mutter. Das hat mir gut gefallen.

Freundlich über Eltern zu denken, die ihre Kinder schlagen oder mit Worten niedermachen, das klingt vielleicht ein wenig so, als müsse man ein „Heiliger" oder eine „Heilige" sein, um so zu denken und zu fühlen. Vielmehr haben wir vielleicht den Eindruck, es sei doch ganz normal, abwertend über *solche* Eltern zu denken. „Man denkt doch automatisch, dass ...", genau das ist der Punkt. Wir denken automatisch, weil wir es gewöhnt sind, so zu denken.

Die Uhr

Einmal hatte ich mir beim Pfannkuchen-Wenden das Handgelenk mit Fett verbrannt. Also zog ich meine Uhr am anderen Handgelenk an und war verblüfft, wie schwer sich diese Uhr auf der ungewohnten Seite anfühlte. Das gleiche Gewicht fühlte sich so schwer an!

Genauso spüren wir auch das Gewicht der gegenseitigen Abwertung nicht mehr, denn wir tragen es schon, seit wir selbst Kinder waren. Sich gegenseitig oder sich selbst abzuwerten, fühlt sich deshalb für viele Menschen normal an, so als könnte es gar nicht anders sein. Man braucht dazu noch nicht mal eine schreckliche Kindheit gehabt zu haben, denn es war in unserer Gesellschaft völlig normal, die Integrität der Kinder zu verletzen. Gerade beginnen wir nicht nur, den Rassismus oder den Sexismus zu überwinden, sondern auch die Diskriminierung von Kindern, die in folgenden Sätzen zum Ausdruck kommt:

„Stell dich nicht so an – das tut doch gar nicht weh – das glaubst du doch selbst nicht – kannst du mir mal sagen, was das soll – da musst du durch – entschuldige dich – sieh mich an, wenn ich mit dir rede – wer nicht hören will, muss fühlen – so spricht man nicht mit Erwachsenen – ich hab dir schon hundert Mal gesagt – musst du immer das letzte Wort haben – das kommt davon – du hast doch überhaupt keinen Grund zum Weinen – reiß dich zusammen – schäme dich – freue dich nicht zu früh – wenn du nur einen Funken Verstand hättest – hör auf mit dem Theater – du brauchst keine Angst zu haben – es wird gegessen, was auf den Tisch kommt – wieder mal typisch – du hast zwei linke Hände – wie du wieder aussiehst – geflüstert wird nicht – du raubst mir den letzten Nerv – wie heißt das Zauberwort – du bringst mich noch ins Grab – muss ich dir immer alles dreimal sagen – jetzt ist aber Schluss – das wird ein Nachspiel haben – alles muss man selbst machen – du denkst immer nur an dich – was erlaubst du dir – Ellenbogen vom Tisch –

ich warne dich, mein liebes Fräulein – muss ich erst mit dir schimpfen – nie hörst du, was ich dir sage – antworte gefälligst, wenn du gefragt wirst – von dir hätte ich mehr Vernunft erwartet – du kannst nie genug kriegen – du kriegst gleich ein paar hinter die Löffel – Rotzbengel – geh in dein Zimmer – selbst Schuld – nimm dir mal ein Beispiel – das tut man nicht ...“

Solche Dinge und noch viel mehr mussten wir uns anhören. Wir waren also bestrebt, uns möglichst „richtig“ zu verhalten, um der Kritik und der Beschämung zu entgehen. Wir lebten in der Angst, etwas verkehrt zu machen. Und so schauen wir auch heute noch oft auf uns und andere, verurteilen uns und andere. Dieser Mechanismus der Abwertung geschieht in uns automatisch, wir haben das erlernt wie unsere Muttersprache. Wir können aussteigen, wenn wir das erkennen und aussteigen wollen.

Es war anfangs etwas lästig, zu wissen, dass immer, wenn ich jemanden abwertete, ich das tat, weil ich selbst verletzt worden war. Indem ich den anderen durch die Abwertung etwas kleiner machte, konnte ich mich dadurch etwas größer fühlen, sozusagen als kurze Betäubung der Angst, verkehrt zu sein, nicht zu genügen. Wenn ich einer Freundin erzählte, wie wenig fürsorglich die Nachbarin mit ihren Kindern umging, tauchte lästigerweise auch der Gedanke in mir auf: „Das machst du, um dich selbst besser zu fühlen.“

Aber wenn ich doch denke, es ist für mich heftig, mitzuerleben, wie sie mit ihren Kindern umgeht? Hier ist er wieder, dieser Unterschied zwischen einer echten Ich-Botschaft und einer Du-Botschaft: Denke und spreche ich über mich – oder über die Nachbarin? Es ist ein großer Unterschied, zu sagen, was es mit mir macht, das zu erleben, oder ob ich die Nachbarin abwerte und als schlechte Mutter darstelle.

Diese Du-Botschaften sind für mich wie lautlose Kugeln, die wir aufeinander abfeuern. Wir beschießen uns mit Worten, die ja genauso verletzend sind, auch sie lösen eine Reaktion in unserem Schmerzzentrum aus. Doch wir „schießen" nicht nur auf andere, indem wir sie abwerten, sondern auch auf uns selbst.

Keine Abwertung 2017

Ich ging mit einer Freundin am Neujahrsmorgen spazieren, und in uns kam die Idee auf, das kommende Jahr noch mehr darauf zu achten, aus diesem Abwertungsautomatismus auszusteigen. Wir schafften es keine hundert Meter, diesem Vorsatz zu folgen, als wir uns dabei ertappten, schlecht über uns selbst zu denken.

Wie gehen wir mit uns selbst um? Wie denken wir über uns selbst? Vieles davon wurde uns beigebracht durch die Art und Weise, wie wir von unseren Eltern betrachtet und behandelt wurden. Wie schnell werten wir uns selbst ab, weil wir im Supermarkt nicht an die Butter gedacht haben oder weil wir uns für schlechte Eltern halten. Oft sind wir selbst unsere größten Kritiker, und oft gehen wir nicht gut mit uns selbst um, weil mit uns nicht gut umgegangen wurde. Wenn uns das bewusst wird, ist das aus meiner Sicht der erste Schritt, daran etwas zu ändern und heute, wo wir erwachsen sind, Gleichwürdigkeit auch für uns selbst zu gestalten. Wenn das Kind zum Beispiel noch eine Geschichte hören will, wir aber müde sind, entscheiden wir uns häufig fürs Vorlesen, anstatt uns selbst ebenso wichtig zu nehmen wie das Kind. Wir haben ja den gleichen Wert, doch unser Wunsch fällt ganz schnell hinten runter. Hauptsache, das Kind hat es gut.

Gleichwürdig oder nicht?

Als ich angefangen habe, über Gleichwürdigkeit nachzudenken, war ich mir oft unsicher: Ist das jetzt gleichwürdig, wie ich mit meinem Kind spreche, oder nicht? Dann habe ich versucht, es auf die Erwachsenenebene zu transportieren. Wäre es für mich in Ordnung, wenn mein Mann das zu mir sagen würde? Würde ich so auch mit einem Freund oder einer Freundin umgehen?

Auf dem Arm

Die Nachbarin hat ihren Zweijährigen auf dem Arm und sagt: „Der war heute so anstrengend, der hat den ganzen Tag geweint. Ich bin froh, wenn der im Bett ist." Wenn mein Mann auf einer Party zu seinem Freund über mich sagen würde: „Die war heute so anstrengend, die hat den ganzen Tag geweint. Ich bin froh, wenn die im Bett ist", dann wäre klar, wie verletzend es ist.

Unsere Sprache ist auch ein guter Hinweis. In einem gleichwürdigen Dialog zeigen wir einander unsere Welt: unsere Gedanken, Gefühle, Träume,

Wünsche, Ziele ... Wenn ich anfange, mich zu rechtfertigen oder den anderen anzuklagen, ihm Vorwürfe zu machen, oder wenn ich ihn von der Richtigkeit meines Standpunktes überzeugen will, dann ist es nicht mehr gleichwürdig. Manchmal sind auch viele Worte verdächtig:

Geh doch schnell

„Mir ist so kalt", sagt ein dreijähriges Mädchen zu ihrem Vater. Er antwortet: „Dann musst du dir was anziehen." „Nein." „Geh doch, und hol dir was zum Anziehen. Wenn ich hier in Unterhose sitzen würde, wäre mir auch kalt." „Nein, das hilft nicht." „Geh doch schnell, wenn du dir was anziehst, wird es dir warm."

Hier wollte der Vater gerne seine rationale Sicht anbringen, schließlich hilft ein Pulli meistens gegen Frieren. Dabei ging jedoch die Gleichwürdigkeit verloren, denn er wollte seine Tochter auf seinen Standpunkt ziehen, doch sie hat ja ihren eigenen. Aber hat der Vater nicht recht? Sicher hat der Vater recht, die Tochter jedoch auch. Beide Standpunkte machen für den jeweiligen Standpunktbesitzer Sinn, sonst würden sie ja anders denken. Niemand denkt: „Eigentlich ist es ja völliger Blödsinn, wie ich denke, aber ich denke trotzdem so." Nein, jeder Mensch ist ja von der Richtigkeit seiner Gedanken überzeugt, und das ist auch sein gutes Recht. Vielleicht hat die Tochter sich zusammengekauert, und wenn sie jetzt aufsteht, wird es ja erst einmal kälter. Oder die Botschaft ist: „Ich bin ein bisschen kuschelbedürftig." Oder sie will mal testen, ob der Vater ihr etwas zum Anziehen holt, wenn sie es nicht tut, oder ... Es gibt hunderte von möglichen Welten, die gerade in ihrem Kopf sein könnten. Kürzer und gleichwürdig wäre ein: „Aha", oder ein „Aha, was willst du tun?", oder „Aha, soll ich dir helfen?" Alles Belehrende, Kritisierende oder Moralisierende vertreibt die Gleichwürdigkeit.

Gemeine Kuh

Ich war mit ein paar Kindern der vierten Klasse im Supermarkt, dort trafen wir deren Klassenlehrerin. Ein Junge fragte mich, als wir auf dem Rückweg waren: „Wieso behandelst du mich wie einen Erwachsenen?" „Woran hast du das gemerkt?" „Als wir eben meine Lehrerin getroffen haben, hast du nicht gesagt, dass ich ihr Hallo sagen soll, als sie „Hallo, Paul" gesagt hat." „Ich habe gedacht, dass du einen Grund dafür haben wirst, wenn du sie nicht begrüßt." „Ja, sie ist eine gemeine Kuh." „Das klingt so, als ob es für dich schwer wäre mit ihr im Unterricht." „Ja, die hat was gegen mich. Immer beschuldigt sie mich, wenn irgendwas ist, auch wenn ich gar nichts gemacht habe." „Das ist schwer auszuhalten, stelle ich mir vor." „Ja." „Brauchst du Unterstützung dabei?" „Weißt du, ich habe kein Vertrauen darin, dass sie zugibt, dass es so ist." „Du meinst, es bringt nichts, mit ihr zu reden." „Nein, gar nix." Und so haben wir eine Weile geredet. Was hier gleichwürdig ist, ist vor allem auch das, was nicht gesagt wird: Gemeine Kuh sagt man nicht ... du musst ja auch was tun, sonst würde sie ja nicht ... ja, das Leben ist manchmal ungerecht, da musst du durch ... du könntest doch versuchen, mit ihr zu reden ... wenn du ihr nicht sagst, was dich stört, kann sie ja auch nichts verändern ...

Wie für alle Werte, die wir nachträglich in unser Handeln bringen wollen, brauchen wir Bewusstsein und Übung, aber vor allem den Wunsch, es lernen zu wollen. Das klingt nach einem großen Entwicklungsprojekt, deshalb sagte ein Vater: „Das zu lernen, ist ziemlich viel Aufwand. Lohnt sich das?" Ich finde, das ist eine wichtige Frage, die nur jeder für sich beantworten kann. Für mich ist es lohnenswert, denn auf Würde lässt sich nur schwer verzichten. Menschen brauchen Gleichwürdigkeit, um sich willkommen zu fühlen und ein gesundes Selbstgefühl zu entwickeln, und zu dieser Entwicklung beizutragen, bei mir und anderen, ist für mich sinnvoll.

Die Reise

Wir reisten mit unseren beiden älteren Kindern, zwölf und zehn Jahre alt, nach London. Auf dem Weg zum Hotel liefen wir durch die Stadt. Der Jüngere war begeistert und wollte gleich auf Entdeckungstour gehen. Der Ältere sagte stattdessen: „Ich glaube, ich habe mich falsch entschieden, ich wäre jetzt lieber zu Hause."

Verschiedene Freunde, denen ich davon erzählte, reagierten ähnlich: Die Begeisterung des Jüngeren fanden sie toll, die Reaktion des Älteren lehnten sie ab. Er sei undankbar, so eine tolle Reise ... der wird es noch mal schwer haben, wenn er immer nur zu Hause sein will ... da könnte er sich mal was von seinem Bruder abgucken ... Die Lager waren klar verteilt: So wie der jüngere Bruder zu sein, war eindeutig besser.

Doch solche Haltungen unterminieren die Würde des Älteren, denn er wird auf diese Weise verkehrt gemacht: Er soll anders sein, sich anders verhalten, nur dann ist er „richtig". Und das ist verletzend. Er hat schließlich das Recht, zu sein, wie er ist. Dieses Recht nehmen sich Erwachsene ganz selbstverständlich heraus. Aus meiner Sicht gibt es kein Richtig und Falsch, nur ein Verschieden. Die Brüder sind verschieden, mit unterschiedlichen Bedürfnissen, Wünschen und Anschauungen. Sinn bringende Fragen sind für mich: Wer bist du? Was brauchst du, damit es dir gut geht? Wie willst du dein Leben gestalten? Sich selbst wahrzunehmen, ernst zu nehmen und gute Schlüsse daraus zu ziehen, um das eigene Leben gut zu gestalten, das macht für mich Sinn.

Doch oft haben wir hunderte von Paaren in unseren Köpfen, was vermeintlich besser oder schlechter ist: Schlank zu sein, ist besser, als dick zu sein, sportlich ist besser als unsportlich, ordentlich ist besser als unordentlich, Nichtraucher zu sein, ist besser, als Raucher zu sein, Frühaufsteher sind besser als Langschläfer ... Doch nichts davon ist richtig oder falsch, es geht lediglich darum, herauszufinden, wie ich mein Leben verbringen will. Jedes Lebewesen bewertet seine Umwelt und teilt sie ein in Wohl (das es zu mehren gilt) und Wehe (das es zu vermeiden gilt), selbst Amöben tun das. Die Umwelt zu bewerten, ist für alle Lebewesen notwendig für das Überleben. Alleine schon, wenn ich über eine Straße gehen will, muss ich eine Bewertung vornehmen, ob ich das vor dem Auto noch schaffe oder nicht. Auch Freundschaften bewerte ich. Will ich mich länger mit einer Freundin treffen, die unsere gemeinsame Zeit dazu nutzen will, über andere zu lästern, oder ist es für mich keine gut verbrachte Lebenszeit?

Dabei ist es ein wesentlicher Unterschied, ob ich ihr Verhalten in Bezug auf mich werte (Ergibt diese Freundschaft für mich einen Sinn?) oder ob ich diese Freundin bewerte oder abwerte. (Sie ist unmöglich, ständig lästert sie über andere ... womit ich das Gleiche getan hätte.).

Gleichwürdigkeit dient dazu, die Integrität eines jedes Menschen zu wahren. Integrität meint die Wahrung der physischen und psychischen Grenzen und Bedürfnisse und dass ich mir selbst treu sein kann und mich und mein Handeln nach eigenen Werten und Vorstellungen ausrichten kann, oder wie mein Sohn, vier Jahre alt, mal zu mir sagte: „Mama, ich lebe mein eigenes Leben, das musst du mal kapieren."

Bei diesem Begriff Integrität gibt es häufig Verwirrung: Was ist Integrität, was sind Grenzen? Für mich ist es so: Ich stelle mir ein Haus vor, in dem ich wohne, drum herum gibt es einen Gartenzaun. Das Haus ist meine Integrität, darin wohne ich, mein Selbst. Der Zaun drum herum, das sind meine Grenzen. Wenn jetzt jemand über den Zaun klettert, also über meine Grenze geht, kann ich sagen: „Hey, das will ich nicht, geh zurück." Wenn derjenige zurückklettert, ist es für mich wieder okay. Angenommen, jemand macht einen Scherz auf meine Kosten, und ich sage: „Ich will das nicht", und der andere sagt: „Tut mir leid, ich dachte, es ist auch für dich witzig", dann ist alles wieder okay. Wenn derjenige aber kommt und ein Fenster einschlägt oder die Tür eintritt, dann ist etwas passiert, da kann man nicht einfach verschwinden und sagen: „Oops, 'tschuldigung." Nein, dann muss etwas repariert werden. Also wenn er sagen würde: „Stell dich nicht so an, war doch nur ein Witz", dann hätten wir ein anderes Thema.

Nur der Besitzer der jeweiligen Integrität kann darüber urteilen. Beurteilungen von außen sind nur Fantasie. Ob jemand etwas als Integritätsverletzung empfindet oder nicht, kann ich nicht wissen. Ich hatte mit einer Freundin über meinen Professor gesprochen, der immer wieder cholerische Anfälle hatte. Wenn zum Beispiel die Feinwaage verschmutzt war, dann brüllte er wie verrückt: „Sind Sie eigentlich zu blöd?" Meine Fantasie darüber war, dass er vielleicht glaubte, durch sein Arbeiten mit mutagenen Substanzen an der Behinderung seines Kindes „schuld" zu sein. Für mich war sein Brüllen nicht schlimm, ich bin einfach rausgegangen, bis er sich wieder beruhigt hatte. Das hatte nichts mit mir zu tun. Meine Freundin konnte meinen Standpunkt nicht akzeptieren. „Das ist nicht okay, das darfst du dir nicht gefallen lassen." Dass sie mich in dieser Weise definierte, das war für mich verletzend.

Kinder können über ihre Integrität verbal nicht viel sagen, das ist ja sehr abstrakt, aber sie können es mit ihrem Verhalten zeigen: Sie spüren diese Verletzung und bringen es über ihre Körpersprache und ihr Verhalten zum Ausdruck. Als ich in einer Kita gewartet habe, habe ich einen Erzieher beobachtet, wie er mit einem Kind sprach. Die Worte konnte ich nicht hören, umso klarer war die Körpersprache: Er hob belehrend den Finger, während er sprach, und das Kind zog etwas die Schultern hoch, senkte etwas den Kopf, und die Mundwinkel gingen nach unten. Im Gesicht der Kinder ist meist recht gut abzulesen, ob wir es geschafft haben, unser Anliegen so zu äußern, dass wir das Kind dabei nicht verletzt haben.

Auch die Begriffe Vorstellungen und Grenzen werden oft vermischt. Manchmal ist es so, dass wir Grenzen sagen und Vorstellungen oder Wünsche meinen: Der Zweijährige, der sich entgegen des Wunsches der Mutter eine Milchschnitte holt, verletzt ja nicht die Grenze seiner Mutter. Er macht nur nicht, was sie will. Würde er gegen ihren Willen ihr T-Shirt hochziehen und an ihrer Brust trinken, wäre das vermutlich anders.

Kurz: Gleichwürdigkeit ist für ein echtes Miteinander eine essentielle Qualität. Durch sie werden die Würde und die Integrität einen jeden Menschen gewahrt. Anderen gleichwürdig zu begegnen, ist eine Lernaufgabe, die bei den meisten etwas Zeit in Anspruch nehmen wird. Wichtig ist es, das Ziel im Auge zu behalten. „Der Langsamste, der sein Ziel nicht aus den Augen verliert, geht immer noch geschwinder als der, der ziellos umherirrt", schrieb Gotthold Ephraim Lessing.

Konflikte

Gleichwürdigkeit gut und schön, aber was machen wir denn jetzt mit dem Kind im Karussell, das nicht aussteigen will, und mit all den anderen Situationen, in denen Kinder etwas anderes wollen als wir? Irgendwie muss auch der Alltag funktionieren. Wir wollen auf die Arbeit oder einfach nur schlafen, und das Kind will vielleicht spielen. Wie kann man einander gleichwürdig begegnen und gleichzeitig zur Arbeit kommen? Das ist für mich eine wichtige Frage: Wie gelingt Gleichwürdigkeit im Alltag?

In harmonischen Momenten fällt uns Gleichwürdigkeit leicht, in Konfliktsituationen wird es schwieriger. Deshalb möchte ich jetzt etwas zu Konflikten schreiben, denn sie sind ein natürlicher Bestandteil von Familien. Sie sind unvermeidbar, denn wir sind verschiedene Menschen, die Verschiedenes wollen, so ist es. Deshalb ist es aus meiner Sicht sehr hilfreich, darüber nachzudenken, wie wir mit diesen alltäglichen Konflikten umgehen wollen, denn die Art und Weise, wie wir Konflikten begegnen, wirkt nachhaltig auf die Stimmung in der Familie, weil damit auch die Frage verbunden ist: Ist hier Raum für jeden, oder muss es so gemacht werden, wie die Erwachsenen (oder in manchen Familien die Kinder) es wollen?

Das unordentliche Kinderzimmer

„Räum endlich dein Zimmer auf", sagt der Vater zu seinem achtjährigen Sohn. „Aber ich bin noch nicht

fertig mit Spielen." „Du bist ja nie fertig mit Spielen." „Doch, wenn ich fertig bin." „Aber du räumst nie auf. Man kommt noch nicht mal zum Fenster, so viel Kram liegt rum. Jetzt fang endlich an, gleich geht es ins Bett." „Geh doch selber ins Bett." „Jetzt ist Schluss! Wenn du jetzt nicht aufräumst, gibt es heute Abend auch kein I-Pad für dich." Der Sohn macht den Vater nach: „Wenn du jetzt nicht aufräumst ...", woraufhin der Vater schreit: „Jetzt reicht's! Eine Woche kein I-Pad!"

Was ist da los? Warum sind Konflikte für uns so herausfordernd? Eigentlich passiert dabei doch nicht viel, oder? Von außen betrachtet geht es nur um ein unaufgeräumtes Zimmer und zwei unterschiedliche Meinungen darüber, wie damit verfahren werden soll. Wieso gerät der Vater derart unter Druck, dass er seinen Sohn bestraft?

Es könnte sein, dass ihn die heutige Situation an eine längst vergangene Situation erinnert. Angenommen, dieser Vater hat, wie viele Säuglinge der damaligen Zeit auch, die Erfahrung gemacht, alleine in seinem Bett einschlafen zu müssen. Aus Sicht eines Säuglings ist das eine Überforderungssituation, denn er ist alleine in einer aus seiner Sicht lebensbedrohlichen Situation. Hier kommt unser biologisches Erbe zum Tragen. Ohne Schutz der Eltern einzuschlafen, war vor 100 000 Jahren der sichere Tod. Es gab Fressfeinde und Kälte. Dass wir heute in einem sicheren Zuhause mit Zentralheizung leben, ganz ohne Tiger und giftige Spinnen, darüber kann ein Säugling nicht nachdenken. Er kann es nicht wissen, und er schreit, um seine Eltern herbeizuholen. Kommen sie nicht, ist das eine völlige Überforderung, denn er ist dieser Situation, die für ihn lebensbedrohlich erscheint, schutzlos ausgeliefert.

Unser Gehirn verknüpft Erlebnisse sehr fest mit den dabei empfundenen Gefühlen. Wenn ein Kind zum Beispiel unter Angst schwimmen lernt, wird das Gefühl Angst fest verbunden mit dem Erlebnis Schwimmen. Wenn es schwimmt – selbst wenn es erwachsen ist –, wird gleichzeitig auch die damals empfundene Angst mit aufgerufen, oftmals wahrgenommen als Unbehagen. „Schwimmen ist nicht so meins ...", sagen oft Erwachsene, die unter Angst schwimmen gelernt haben. In dem Beispiel „Einschlafen" wird das Erlebnis „Überforderung" verknüpft mit „existentieller Angst". Wenn er heute in eine Überforderungssituation kommt – was im Alltag mit Kindern ja leicht passieren kann, wird das damit abgespeicherte Gefühl „existentielle Angst" mit aufgerufen. Und weil er dann eine solche große Angst empfindet, hat er den Eindruck, dass die Situation jetzt – mit dem Kind, das nicht aufräumt – so gefährlich ist. Und deshalb reagiert er, als wäre sein Kind ein angreifender Berglöwe – und das Gegeneinander nimmt seinen Lauf.

Wie kommen wir zu einem Miteinander?

Der Ball

Meine Kinder spielten gerne mit einem Ball auf der Straße. Das störte einen Nachbarn, er schimpfte regelmäßig darüber. Als wir ihm begegneten, grüßte ich ihn. Da fragte mich meine fünfjährige Tochter, warum ich zu ihm freundlich war, obwohl er zu uns so unfreundlich war. Bevor ich antworten konnte, sagte ihr achtjähriger Bruder: „Sonst würde er ja darüber bestimmen, ob die Mama freundlich ist oder nicht. Und das will die Mama nicht."

Und so ist es für mich tatsächlich. Ich will mich nicht in ein Gegeneinander ziehen lassen. Nicht alle Konflikte können wir lösen, manchmal kann man ihnen nur begegnen. Dann stelle ich einfach nur fest: „Aha, wir haben einen Konflikt, für den wir noch keine gute Lösung gefunden haben." Und wenn wir keine Lösung finden, mit der alle einverstanden sind, will ich niemandem „feindlich" begegnen. Wir haben lediglich unterschiedliche Meinungen und unterschiedliche Verhaltensweisen, das kommt ja in allen Beziehungen vor. Niemand ist verkehrt, wenn er sich anders verhält, als ich mir das wünsche. Was nicht bedeutet, dass ich mir alles gefallen lasse, doch es ist mir wichtig, mich selbst zu behaupten, ohne gegen den anderen vorzugehen. Wenn er die Kinder anschnauzt, kann ich sagen, dass ich das nicht will, doch wenn ich denke „blöder A...", ist das nicht, was ich will. Für mich zu handeln, nicht gegen den anderen, das ist mein Ziel. Das gelingt mir natürlich nicht immer, ich übe noch.

Kein Schnitzel

Wir waren in einem Landgasthof, und die Kinder freuten sich auf Schnitzel. Leider gab es kein Schnitzel. Die Jüngste war acht Jahre alt und so frustriert, dass sie gar nichts essen wollte. Mit verschränkten Armen und finsterem Gesicht saß sie auf ihrem Stuhl. Die Kellnerin sagte in abwertendem Ton: „Und für die kleine Madame ist nichts dabei?" Ich habe gesagt: „Ich will, dass sie meine Tochter anständig behandeln."

Weil ich in diesem Moment gedachte habe: „Blöde Kuh", kam das bei der Kellnerin natürlich genauso an, denn sie kann ja hören, was ich denke. Aber ist es nicht völlig in Ordnung, der Kellnerin auch mal Bescheid zu sagen? Das weiß ich nicht. Ich weiß nur, dass ich es nicht will. Dieses Schießen und Zurückschießen – da will ich nicht mitmachen. Ich will für mich stehen, meine Belange deutlich machen, ohne gegen den anderen vorzugehen. Zum einen, weil ich gerne ein Miteinander auf dieser Erde hätte, und das beginnt ja bei mir, auf Trump habe ich keinen Einfluss. Zum anderen weil es mir selbst gut tut. Wenn ich es schaffe, meine Grenzen deutlich zu machen, ohne gegen den anderen zu gehen, habe ich selbst ein viel besseres Gefühl – so ist der Mensch nun einmal gemacht. Wir alle haben Spiegelneuronen und nehmen auch das Leid, das wir anderen zufügen, in uns auf, was konkret bedeutet: Wir bauen es in unser Gehirn und unsere Psyche ein, ganz stofflich. Es ist eine Erfahrung von den vielen Erfahrungen, die wir im Leben machen, die jedoch in der Summe unser Gehirn und unsere Psyche prägen. Auch unser eigenes Handeln gestaltet unser Gehirn und unsere Psyche. Umgekehrt ist es so, dass, wenn uns eine Interaktion mit anderen glückt, wir gute Wege für alle gefunden haben, unser Körper Glückshormone ausschüttet, die uns glücklich und zufrieden machen. Warum sollte ich darauf verzichten? Ein solches Miteinander ist oft ein Weg längerer Entwicklung. Dieser Weg startet mit einer Entscheidung für ein echtes Miteinander.

Die Turnstunde

Ich habe mir mit einer Lehrerin eine Turnhalle geteilt. Die Kinder, mit denen ich zusammengearbeitet habe, beklebten die Fenster mit schwarzer Folie, denn wir wollten es für die Geisterbahn schön dunkel haben. Während wir arbeiteten, hörten wir, wie die Lehrerin mit den Kindern sprach: „Sieh an, die Nike hat endlich mal an ihr Haargummi gedacht, und der Jonas ist sogar mal pünktlich ... Das ist eine völlig unangemessene Frage, denk nochmal nach, dann kommst du ganz bestimmt drauf." In dieser Weise redete sie eine ganze Weile, und die Kinder wurden beim Arbeiten immer unruhiger. Schließlich habe ich gesagt, dass wir auf den Schulhof gehen, alle mal eine Runde toben. Danach habe ich mit den Kindern gesprochen, was wohl gerade in der Turnhalle passiert sei. Es kamen viele ähnliche Antworten wie: „Die Frau T. nervt einfach." „Ja, die ist voll blöd." ... Ich habe ihnen von den Spiegelneuronen erzählt und dass sie, auch wenn sie gar nicht gemeint waren, eben auch den Schmerz der anderen spüren können, wenn sie das mitanhören. So wie wenn sich jemand den Finger einklemmt, es ihnen auch in den eigenen Körper fährt. Ein Mädchen brachte es so auf den Punkt: „Ach deshalb freue ich mich, wenn meine Freundin sich freut!" Dieses Beispiel erzählte ich in einer Fortbildung für Lehrende. Ein Lehrer war sehr erbost darüber, damit hätte ich schließlich die Lehrerin vor den Kindern schlecht gemacht. Das finde ich nicht, denn ich habe lediglich beschrieben, was meiner Meinung nach passiert ist. Ich finde es sehr wichtig, Kinder dabei zu begleiten, zu erkennen, wann Menschen, wie hier die Lehrerin, gegen andere vorgehen, damit sie ihre eigenen Schlüsse daraus ziehen können.

Gerade in Konflikten mit Kindern wird es oft unübersichtlich, weshalb ich eine Art „Geländer" hilfreich finde, um sich zu orientieren und sich vorzutasten auf dem eigenen Weg, um nicht ins Gegeneinander zu rutschen. Das Geländer, das ich Eltern anbiete, besteht aus zwei Schritten: Der erste Schritt ist, zu verstehen, was jeder will, der zweite ist, zu entscheiden, wie ich mit dem, was ich verstanden habe[3] umgehen will. Erst verstehen und ernst nehmen, dann handeln. Dabei geht es nicht um eine Technik, es ist eine Haltung: Bereit zu sein, sich selbst und andere wahr und ernst zu nehmen und dann das eigene Handeln darauf abzustimmen.

Das ungeborene Kind

Eine Schwangere, die normalerweise immer in Rückenlage schlief, kam nachts nicht zur Ruhe, weil ihr ungeborenes Kind in dieser Position nicht schlafen konnte. „Du kannst nicht schlafen, wenn ich auf dem Rücken liege, und ich nicht, wenn ich mich auf die Seite drehe." Die Mutter entschied sich für eine Position irgendwie dazwischen, die für beide einigermaßen okay war.

---

3 Realistischer ist, anzuerkennen, dass ich glaube, verstanden zu haben, denn es ist ja eigentlich nur eine Illusion, zu glauben, ich könnte einen anderen verstehen; oft verstehen wir uns selbst kaum.

Im Kinderwagen

Ein drei Monate altes Mädchen fing immer an zu weinen, sobald es in den Kinderwagen gelegt wurde. „Ich will zum Kindergarten, und du willst auf meinem Arm sein." Die Mutter band ihre Tochter in das ihr zur Geburt der Tochter geschenkte Tragetuch, was beide zufriedenstellte.

Bereits in diesen frühen Situationen spüren die Kinder, wie wir ihnen begegnen, ob da Raum für beide ist, ob da die Bereitschaft ist, das Leben gemeinsam zu gestalten. Wenn es um ein Baby geht, fällt es vielen leichter, doch wenn ein Kind sein Ich-Bewusstsein entwickelt und auch klar äußert, wird es für viele schwieriger, und sie fangen an, zu kämpfen. Deshalb schreibe ich jetzt etwas genauer, was es mit den beiden Schritten auf sich hat. Das wird ein paar Seiten in Anspruch nehmen, denn so eine Suche nach einem eigenen, für alle guten Weg braucht etwas Zeit.

Der erste Schritt

Beim ersten Schritt geht es darum, dass alle sagen können, was sie wollen und was nicht, und dass wir uns über unsere verschiedenen Sichtweisen, Bedürfnisse, Wünsche austauschen, um einander besser zu verstehen. Ich zeige dem Kind meine Welt, und ich versuche, die Welt des Kindes zu sehen, mit seinen Augen. Dazu ist es notwendig, dass ich selbst weiß, was ich will, und das auch in einer klaren und persönlichen Sprache ausdrücken kann. Ebenso ist es wichtig, Kindern zu helfen, wenn nötig, Worte für das zu finden, was in ihnen los ist.

Mein Standpunkt

Fangen wir mal bei uns und unserer eigenen Welt an: Was will ich, und wie sage ich das? Um meine eigenen Grenzen, Bedürfnisse und Wünsche auszudrücken, muss ich sie zunächst als solche wahrnehmen.

Morgens in der Küche

Ein Kind sucht sein Fahrradschloss und fragt nach Hilfe beim Suchen, ein anderes will noch einen Zettel ausgefüllt haben, das dritte fragt: „Kannst du mir Zöpfe flechten?" Hochmotiviert versuche ich, allen Wünschen nachzukommen. Dabei merke ich gar nicht, dass ich selbst großen Durst habe. Als schließlich das vierte Kind fragt: „Kannst du mein Brot schmieren? Ich bin zu müde", blaffe ich es an: „Nein, kann ich nicht!" Es sagt daraufhin: „Das kann man auch freundlich sagen. Jetzt habe ich auch schlechte Laune."

Eigene Grenzen zu erkennen, ist nicht immer so einfach. Denn sie sind, anders als die rot markierten Landesgrenzen im Atlas, unsichtbar. Unsere Grenzen erkennen wir manchmal erst, wenn andere sie überschreiten, wie zum Beispiel unsere Individualdistanz. Sie ist nicht nur unsichtbar, sie verändert sich auch ständig in Abhängigkeit von mir und meinem Befinden, dem anderen oder der Umgebung. In der vollen U-Bahn toleriere ich einen geringen Abstand. Wenn sich abends in der leeren U-Bahn jemand so dicht neben mich stellen würde, wäre es für mich nicht tolerabel, es sein denn, es wäre mein Partner.

Das Rülpsen

Ein Sechsjähriger rülpst. Doch wie findet seine Mutter das? Wenn sein kleiner Babybruder rülpst, finden es alle niedlich, obwohl der Sechsjährige findet, dass er es viel besser kann. Rülpst er, während die Mutter telefoniert, ist es nicht so schlimm, aber wenn er das Gleiche macht, während die Oma zu Besuch ist, ist die Mutter richtig ärgerlich.

Die eigenen Grenzen sind nicht nur unsichtbar und verändern sich ständig, sie sind bei manchen auch noch zusätzlich versteckt. Denn bei vielen der heutigen Erwachsenen war es nicht erlaubt, die eigenen Grenzen ernst zu nehmen und zu wahren. Das damals wichtigste Erziehungsziel war, sich anzupassen und Rücksicht auf andere zu nehmen.

Der Fahrradkorb

Als ich ein Kind war, hatte ich ein Rad mit einem Korb auf dem Gepäckträger, in dem ich meine Puppe spazieren fuhr. Wenn die Tür zum Radkeller des Mietshauses offen war, legte sich gerne eine Katze hinein, und die Decke, die ich im Korb für die Puppe befestigt hatte, war voller Haare. Deshalb schrieb ich ein Schild: „Bitte die Türe schließen, damit die Katze sich nicht in meinen Korb legt." Doch das durfte ich auf gar keinen Fall aufhängen. Was sollen die Nachbarn denken? Da muss man sich etwas zurücknehmen!

Mit Grenzen ist es wie mit einem Zaun. Wenn ich da ständig ungeachtet des Zauns drüber klettere, wird der Zaun mit der Zeit niedergetreten sein, es wächst Gras darüber und schließlich ist er kaum noch zu erkennen. Ähnlich ist es, wenn meine Grenzen gewohnheitsmäßig überschritten wurden oder ich sie regelmäßig überschreite. Wenn dann morgens viel los ist, muss ich schon sehr genau hinsehen, um meine Grenzen zu erkennen, denn ich habe ja gelernt, sie nicht zu beachten.

Eigene Grenzen wahrnehmen, ernst nehmen und deutlich machen: Nur wenige Menschen können alles drei perfekt. Für mich ist es am schwersten, meine Grenzen überhaupt wahrzunehmen, wie in dem Beispiel „Morgens in der Küche". Anderen Menschen wiederum gelingt das Wahrnehmen leicht, doch es ist für sie schwierig, diese Grenzen auch ernst zu nehmen. Sie stellen ihre Wahrnehmung in Frage oder gestehen sich ihre Grenzen nicht wirklich zu: „Ich sollte mich nicht so anstellen ... Ich sollte nicht so pingelig sein ..." Menschen, deren „Baustelle" das Deutlichmachen ist, zögern, den Konflikt anzusprechen. Sie spüren ihre Grenze, gestehen sich diese zu, wollen jedoch keinen Streit.

Glücklicherweise sind wir dazu gemacht, Grenzen, Bedürfnisse und Wünsche zu erkennen und ernst zu nehmen, und auch dazu, zu handeln. Wir können es, diese Fähigkeit ist manchmal nur etwas verschüttet. Unsere Gefühle helfen uns dabei, uns selbst zu lesen: Bin ich voller Energie, oder bin ich einfach müde und energielos? Bin ich entspannt, oder bin ich aggressiv?

Irritiert mich etwas? Das sind sehr wichtige Hinweise aus unserem Inneren. Gefühle vermitteln zwischen unserem Inneren und dem, was um uns herum geschieht. Wenn ein Kind kommt und fragt: „Kannst du mich Vokabeln abfragen?", und ich sacke ein wenig zusammen, dann weiß ich: Das will ich jetzt nicht machen, obwohl mein Verstand mir sagt: „Eine gute Mutter macht das gerne!" Wenn ich oft Dinge tue, die ich eigentlich nicht tun will, meldet sich gerne auch die Aggression, die Hüterin unserer Grenzen. Gerade Aggressionen stehen bei uns nicht hoch im Kurs. Dabei sind sie so hilfreich, denn sie zeigen uns an, dass es an der Zeit ist, sich um uns und unsere Belange zu kümmern. Das ist wie bei einer Warnlampe im Auto: Wenn es rot leuchtet, ist irgendwas los – und darum sollte ich mich kümmern, wenn es weiterhin gut laufen soll.

Wenn ich mich an meine eigene Position herangetastet habe, wenn ich etwas in Übung bin und das Gefühl bekomme: „Hey, guck mal da, das bin ich! Das passt zu mir. Das brauche ich, das will ich", dann ist es eine gute Idee, das auch klar zu äußern.

Ich will Gummibärchen!

Eine Fünfjährige sagt zu ihrer Mutter in der Straßenbahn: „Ich will Gummibärchen!" Die Mutter antwortet: „Meinst du nicht, du hast heute schon genug Süßes gehabt?" „Nein, ich will Gummibärchen!" „Willst du nicht lieber einen Apfel haben?" „Nein, Gummibärchen!!" „Aber es gibt gleich Essen." „Ich will jetzt Gummibärchen!!!" „Jetzt hör doch mal auf, ich habe nein gesagt."

Klarer wäre es gewesen, die Mutter hätte gesagt: „Ich will dir keine mehr geben." Oft ist eine unklare Sprache der Versuch, den Konflikt zu umgehen, doch das funktioniert nicht. Das Kind ist vielmehr verwirrt und hat das Gefühl: Mit mir stimmt irgendetwas nicht, wenn meine Mutter mich nicht versteht. Zum Beispiel der Satz: „Meinst du nicht, du hast heute schon genug Süßes gehabt?" Wenn das Kind das meinen würde, würde es nicht nach mehr fragen. „Willst du nicht lieber einen Apfel haben?", findet das Kind bestimmt auch merkwürdig, denn es hat ja nach Gummibärchen gefragt. „Aber es gibt gleich Essen", da denkt sich die Fünfjährige vielleicht: Na und? Bis wir zu Hause sind, hab ich die gegessen.

Sicher ist es eine gute Idee, Kindern das eigene Verhalten zu erklären – wenn es darum geht, ihnen die eigene Welt zu zeigen, jedoch nicht, wenn es darum geht, sie davon zu überzeugen, dass meine Welt die einzig richtige ist. Dieser Unterschied ist sehr wichtig: Will ich meinem Kind zeigen: So sehe ich es – oder will ich, dass mein Kind es so sieht wie ich?

Häufig wollen wir Kinder mit unseren Argumenten überzeugen, denn wenn Kinder „einsehen" würden, dass zu viele Gummibärchen für sie schädlich sind, dann hätten wir keinen Konflikt mehr. Doch das funktioniert ja nicht, denn Kinder sagen danach selten: „Oh, jetzt, wo du mir das erklärt hast, verstehe ich es und freue mich, dass du so gut für mich sorgst." Nicht nur, dass es nicht funktioniert, es schadet auch.

Ich denke, es ist wichtig für die Entwicklung unserer Kinder, unsere ganz normale Elternsprache ernsthaft zu überdenken, denn oft ist sie schädlich, ohne dass wir uns dessen bewusst sind. Angenommen, ein Fünfjähriger haut ein anderes Kind. Dann bekommt er zuweilen zu hören: „Du sollst nicht hauen, das tut dem anderen doch weh, du willst doch auch nicht gehauen werden." Damit haben wir in einem Guss Kritik, Belehrung und Moral über dem Kind ausgeschüttet und es damit verletzt. Auch weil es so gerne den Konflikt anders gelöst hätte, es das aber noch nicht besser hinbekommt. Denn was das Kind hört, ist wahrscheinlich Folgendes:

Kritik: „Du sollst ihn nicht hauen." = Ich bin verkehrt.

Belehrung: „Das tut ihm doch weh." = Ich bin dumm.

Moral: „Du willst doch auch nicht gehauen werden." = Ich bin böse, ich bin ein schlechter Mensch.

Oder ein ganz normaler Tag im Schwimmbad. Ich lag auf meinem Handtuch und habe viele Eltern gesehen, die sich in so geschäftiger Emsigkeit um ihre Kinder kümmerten: Eincremen, mit Essen versorgen, schauen, dass keiner ertrinkt ... Doch die Sprache, die das Ganze begleitet, ist einfach verletzend, ohne dass es den Eltern bewusst wäre: „Renn nicht ... pass auf, da liegen Handtücher, du willst doch auch nicht, dass jemand über deines läuft ... gleich fallen die Pommes runter, halt die Schale gerade ... jetzt halt doch mal still, sonst kann ich dich nicht eincremen ... du kannst doch auch alleine zum Kiosk, du gehst doch auch alleine in die Schule ..." All diese Kritik, Belehrung, Moral verletzt. Wenn Kinder das öfters hören, kommt es zu einer Konditionierung: Der Schmerz, den sie empfinden in dem Moment, in dem sie kritisiert werden, wird verknüpft mit ihrem Handeln. Und wenn Kinder dann handeln, brauchen sie noch nicht mal mehr kritisiert zu werden, um Schmerz zu empfinden, sondern sie schämen sich, fühlen sich dumm, nicht willkommen, verkehrt – und damit wertlos für ihre Eltern. Sie kommen zu der tiefen Überzeugung: Mit mir stimmt was nicht, ich bin dumm, ich bin nicht okay, so wie ich bin, ich bin eine Belastung, ich bin wertlos.

Ist das wirklich so dramatisch? Wenn du das, was du zu deinem Kind sagst, mal einen ganzen Tag aufnimmst und dir dann anhörst, mit den Ohren deines Kindes, weißt du, ob deine Sprache dramatisch ist.

Am Strand

Eine Mutter liegt bereits auf der Liege, als nach einer Stunde auch der Vater mit der dreijährigen Tochter dazu kommt. Das Mädchen will sofort ins Wasser. Die Mutter sagt: „Der Papa geht mit dir." Der antwortet: „Nee, heute nicht." Seine Partnerin fragt, etwas vorwurfsvoll: „Wieso denn nicht?" „Ich muss mich erst mal ausruhen nach dem Geheule." „Wieso hat sie denn geheult?" „Keine Ahnung. Immer wenn was nicht nach ihrem Willen verläuft, macht sie Theater, weißt du doch." Dann gibt die Mutter ihrer Tochter Kommandos: „Hannah, leg den Stein weg, der fällt dir sonst noch auf die Füße." „Nein, Banane nur im Sitzen." „Die Mütze bleibt auf." „Hau dir den Stein nicht auf die Finger." „Lass jetzt mal die Wäscheklammern an der Liege in Ruhe." „Madame, jetzt reicht es, du machst nur Blödsinn." „Du gehst sonst gar nicht mehr ins Meer, wenn du so weitermachst." „Du musst auch mal hören, lass jetzt die Mütze auf." „Wenn du die jetzt nicht auflässt, gibt's heute Abend keine Kinderdisko für dich." Nach einer Weile geht der Vater schließlich mit ihr ins Wasser. Es ist kalt, und die Tochter zögert. „Du bist so ein Pienzchen. Du wolltest doch ins Wasser." Als sie sich dann traute, hatte sie Freude daran. „Nicht so weit, sonst musst du wieder raus." „Nicht mit Steinen werfen." „Noch einmal, und wir gehen raus." „Spritz nicht so."

Die Sprache in dieser Familie klang wie in vielen Familien an diesem Strandtag. Ich habe das nicht aufgeschrieben, um zu zeigen, wie unmöglich diese Eltern sind. Meine Intention ist, aufzuzeigen, wie normal es für viele ist, mit Kindern in dieser Weise zu sprechen.

Doch wie kann ich denn dann sagen, was ich denke und fühle, was ich will und was nicht? Ich bin durchaus dafür, ein Kind, das im Begriff ist, einem anderen die Schaufel über den Kopf zu hauen, zu stoppen. Aber, und das ist ein ziemlich großes Aber, ohne das Schaufel schwingende Kind dabei mit unseren Worten zu verletzen. Dazu brauchen wir eine Sprache, die frei ist von Kritik, Belehrung, Moral, Beschämung. Wenn ich sage: „Stopp, ich will nicht, dass du ihn haust", ist das völlig ausreichend. Wichtig ist dabei, tatsächlich über mich zu sprechen – und das startet ja bei meinen Gedanken. Der gleiche Satz kann ja eine Ich-Botschaft sein, nämlich wenn ich versuche, auszudrücken, was ich will und was nicht. Er kann genauso gut auch eine Du-Botschaft sein, wenn ich dem anderen sage, was er tun soll, wie er sein soll.

Der Standpunkt des anderen

Für den ersten Schritt brauchen wir nicht nur Klarheit über unseren Standpunkt, sondern auch Klarheit darüber, was unser Kind oder Partner will. Um das herauszufinden, brauche ich zuallererst Interesse an dem, was der andere denkt und fühlt und will. Interesse? Klar, haben wir! Doch haben wir das im Konfliktfall wirklich? Will ich wirklich wissen, was bei meinem Zweijährigen los ist, wenn er nicht ins Bett will – oder will ich einfach nur, dass er macht, was ich will? Klar, wir sind müde, und gerade abends ist der Akku schon sehr leer, da kann es sein, dass ich es nicht wissen will. Doch wieso sollte der andere sich für mich interessieren, wenn ich mich nicht für ihn interessiere? Und wenn ich es nicht wissen will, dann gibt es keinen gemeinsamen Weg. Das ist manchmal einfach, so und aus meiner Sicht überhaupt kein Problem. Wichtig ist dabei, weder das Kind noch uns selbst verkehrt zu machen („nerviges Kind, ungeduldige Eltern ..."). Der Zweijährige ist für den Stand meines Akkus nicht verantwortlich. Ich habe zu viel gegeben, zu wenig auf mich geachtet. Sicherlich kostet es viel Energie, Zweijährige durch den Tag zu begleiten, doch das ist so und liegt nicht in der Verantwortung des Kindes. Deshalb ist es so wichtig, gut für uns selbst zu sorgen, Gedanken über persönliche Verantwortung gibt es im Kapitel 8.

Dass wir kein Interesse haben, merken wir zum Beispiel wenn wir „Ja, aber ...“ denken, noch während der andere spricht. Unser Gehirn ist eine Einbahnstraße. Wir können entweder etwas empfangen oder senden. Beides gleichzeitig geht nicht. Interesse zu haben, das hat nichts mit Zeit zu tun, denn dieses ganze Argumentieren dauert meist viel länger. Es hat was damit zu tun, ob ich wirklich anerkennen kann, dass mein Kind das gleiche Recht hat wie ich, eine Meinung zu haben, und ob ich diese kennenlernen will.

Der Dialog

Mein Standpunkt, der Standpunkt des anderen – die sind ja nicht in Stein gemeißelt. Wir beeinflussen uns gegenseitig, während wir miteinander in Kontakt gehen. Es ist für mich so, als machte ich mit dem anderen einen Spaziergang. Mal zeige ich auf etwas, und wir folgen dieser Spur, manchmal zeigt mir der andere etwas, und wir gehen in diese Richtung. So entsteht der Weg beim Gehen, und wir landen da, wo wir – jeder für sich – niemals hingekommen wären. 1+1 ist größer als 2, das ist das Besondere an Gemeinschaft.

Das Lagerfeuer

Ich wollte mit einer dritten Klasse zum Abschluss eines Festes ein Feuer machen. Viele Kinder waren dafür, einige dagegen. Die Kinder, die dafür waren, wollten ab-

stimmen. Ich machte noch einen Versuch und fragte die Kinder, die kein Feuer machen wollten, warum sie dagegen wären, und es stellte sich heraus, dass sie keine Lust hatten, den dabei entstehenden Dreck wegzumachen. Sie wussten aus Erfahrung, wie viel Arbeit das war. Ein Junge meinte, sie hätten zu Hause einen Feuerkorb, da fiele der Dreck rein, und man bräuchte den am nächsten Morgen nur in die Mülltonne zu kippen. Damit waren alle einverstanden.

Das ist ein kleines Beispiel dafür, dass jeder alleine weniger weit kommt, als wenn wir gemeinsam gehen. Ein solcher Dialog ist etwas ganz anderes als eine Diskussion. Das Ziel einer Diskussion ist es, den anderen zu überzeugen, bei einem Dialog geht es um Kontakt und darum, sich gegenseitig die eigene Welt zu zeigen: So ist es für mich – wie ist es für dich?

Das Spaghetti-Eis

Ein Achtjähriger sagt zu seinem Vater an der Eisdiele: „Ich will drei Bällchen." Der Vater sagt: „Die Kugeln sind riesig, das schaffst du nicht alles." „Doch. Der Junge da hat sogar ein Spaghetti-Eis." „Nein, das gibt es nicht." „Die Mama würde mir aber eins kaufen." „Ja, aber jetzt bin ich mit dir hier." „Dann will ich wenigstens drei Bällchen." „Jetzt hör doch mal auf, sonst gibt es gar kein Eis."

Eine solche Diskussion ist wie zwei Schienenstränge einer Straßenbahn, die parallel nebeneinander verlaufen. Es gibt keine Berührung, keinen Kontakt. Der Vater folgt dem Strang „es gibt kein großes Eis", der

Sohn dem Strang „ich will drei Bällchen". Das sind zwei parallele Monologe. Jeder versucht, den anderen zu überzeugen und auf seine Schiene zu ziehen. Doch das gelingt eigentlich nie. Hilfreicher wäre ein Dialog mit echtem Kontakt. Ein solcher Dialog könnte so klingen: „Ich will drei Bällchen." „Die Kugeln hier sind riesig. Ich glaube, das schaffst du nicht alles." „Doch. Der Junge da hat sogar ein Spaghetti-Eis." Und jetzt wäre ein guter Zeitpunkt für den Vater, in den Kontakt zu gehen, indem er sich dem Sohn und seiner Welt zuwendet: „So eins hättest du auch gerne." „Ja." „Ich will aber nur zwei Bällchen kaufen, denn ich will kein Eis wegwerfen." „Ich schaffe aber drei Bällchen." „Was hältst du davon, wenn wir zwei kaufen, und wenn du dann noch Eishunger hast, noch ein drittes?"

Es ist nicht so wichtig, was für ein Eis dabei herauskommt. Ein Eis ist schnell gegessen und verdaut. Doch es ist sehr wichtig, was zwischen dem Vater und seinem Sohn passiert, ob echter Kontakt entsteht. Auf ein Eis kann der Sohn verzichten, jedoch nicht auf Kontakt zu seinem Vater. Kontakt meint, ebenso wie Körperkontakt, dass wir einander berühren, sodass jeder den anderen spüren kann, wie es ihm geht, wo er steht, was er braucht, was er will. Nur durch einen solchen Kontakt entstehen qualitätsvolle Beziehungen, die tragen und wärmen.

Für mich ist der Begriff Körperkontakt ein gutes Bild, um das Wesen von Kontakt zu verstehen. Nimm deine rechte Hand in deine linke, bewege sie etwas hin und her. Auf diese Weise spürst du deine Hände in einer anderen Weise: Ihre Temperatur, ihre Begrenzung, sind sie rau oder zart? Beide Hände können sich gegenseitig wahrnehmen, anders als wenn ich sie ohne Berührung auf Abstand nebeneinander halte. Dabei geschieht etwas sehr Interessantes: Es entsteht nicht nur Kontakt zwischen der linken und der rechten Hand, sondern jede Hand bekommt mehr Informationen über sich selbst. Das gleiche geschieht auch, wenn wir im Dialog miteinander in Kontakt gehen. Wir erleben den anderen und uns selbst in einer intensiveren Weise. Diesen Kontakt brauchen wir, um uns gut zu entwickeln und um uns wohl zu fühlen. Angenommen, der Vater wäre bei seinem Nein geblieben und der Sohn hätte gesagt: „Du bist blöd. Die Mama hätte mir drei gekauft." Kontakt meint auch, sich dafür zu interessieren, wie es dem Sohn mit dem eigenen Verhalten geht. Wie geht es dir mit mir und meinem So-Sein, wie geht es dir mit meinem Nein?

Die Schwierigkeit dabei ist, dass viele Erwachsene gar nicht bemerken, dass der Kontakt eingeschränkt ist oder fehlt, weil sie einen solchen Kontakt als Kind nicht erlebt haben. In der Kindheit lernen wir nicht nur laufen und sprechen, sondern auch, wie Beziehungen gestaltet werden. Diese Modelle übernehmen wir dann und halten das Gelernte für normal und kommen gar nicht auf die Idee, dass es auch anders gehen könnte. Ein solcher Nicht-Kontakt kommt in Familien recht häufig vor.

Im Biergarten

Ein Baby weint im Kinderwagen, der Vater wackelt, in dem Versuch, das Kind zu beruhigen, den Wagen und sagt in ruhigem Ton: „Alles in Ordnung, schlaf meine Süße, alles in Ordnung ..."

Ein Zweijähriger hängt „quengelnd" am Bein seiner Mutter. Sie versucht, zu verstehen, was er will: „Willst du was essen? „Nein." „Willst du zum Sandkasten?" „Nein." „Soll ich dich auf den Arm nehmen?" „Nein." Zu allem, was sie ihm anbietet, sagt er „Nein", immer lauter und verzweifelter. Die Mutter sagt zum Vater: „Der ist müde, wir müssen dann mal langsam gehen ..."

Ein Vater klaut dem Fünfjährigen Pommes, der Sohn sagt: „Du Blödmann", und der Vater sagt: „Die kannst du doch eh nicht alle essen ..."

In all diesen Beispielen fehlt Kontakt. Kontakt würde bedeuten, dass die Eltern zeigen: Hier bin ich, das denke ich, fühle ich, will ich – und sich dafür zu interessieren, wer das Kind ist, jetzt gerade in diesem Moment, was es braucht, denkt und fühlt. Doch weder haben die Eltern in diesen Beispielen sich selbst gezeigt, noch haben sie sich für die Erlebniswelt der Kinder interessiert.

Kontakt könnte sein, wenn das Baby auf den Arm genommen wird, und der Vater sagt: „Oh, irgendwas stört dich, und ich weiß gerade nicht, was es ist." Natürlich „versteht" das Baby die Worte nicht, aber es spürt: Ich bin nicht alleine mit meinem Erleben. Es erlebt durch die Berührung, mit Worten und Händen, ein Miteinander. Kontakt für den Zweijährigen hätte so klingen können: „Ich sehe, es geht dir gerade nicht gut, und ich weiß nicht, was du brauchst", und dann hätte die Mutter sich an seine Welt herantasten können und schauen können, ob er etwas Körperkontakt will. Der Pommes klauende Vater hätte sagen können: „Die haben so lecker gerochen, dass ich mir einfach welche genommen habe. Tut mir leid, ich frage das nächste Mal."

Ein wichtiges Kontakt schaffendes Wort ist das Und. Das Und ist für mich das Schlüsselwort für Gleichwürdigkeit, egal ob ausgesprochen oder gedacht. Damit stelle ich alle Wünsche, Bedürfnisse und Sichtweisen nebeneinander. Du willst ein großes Eis, UND ich will nur zwei Kugeln kaufen. Damit wird deutlich, dass jeder seine Meinung hat und auch haben darf. Das bedeutet nicht, dass ich jeden Wunsch erfüllen muss, doch es ist wichtig, ihn zu hören und ernst zu nehmen.

Das Hotel

Ein Vierzehnjähriger sagt zu seinem Vater: „Ich will auch mal in so einem coolen Hotel Urlaub machen wie der Tim. Da ist alles gratis, und immer gibt es Buffet, den ganzen Tag." „Tims Vater muss für das Geld ja auch nicht arbeiten, der hat es geerbt. Ich finde, du solltest zufrieden sein, mit dem, was du hast."

Egal, welchen Urlaub der Vater bucht, wichtig ist es, den Wunsch des Sohnes anzuerkennen, ohne ihn dafür verkehrt zu machen. Eine Mutter fragte bei diesem Beispiel: „Was bedeutet es denn genau, den anderen verkehrt zu machen?" Für mich bedeutet es, wenn ich dem anderen zu verstehen gebe: So, wie du dich verhältst, ist es verkehrt. Sei anders, verhalte dich anders. Ein Vater gab zu bedenken: „Wenn mein Kind keine Hausaufgaben machen will, dann will ich natürlich, dass er sich anders verhält und Hausaufgaben macht." Das ist ein wichtiger Unterschied: Geht es darum, was ich will – und das ist ja täglich viele Male etwas anderes als das, was mein Kind will – oder erwarte ich von meinem Kind, dass es so denkt und handelt, wie ich es will. „Ich will, dass du die Hausaufgaben machst", ist etwas anderes als „Du sollst die Hausaufgaben machen." Erkenne ich an, dass wir Unterschiedliches wollen und Unterschiedliches für richtig halten, oder will ich, dass mein Kind so denkt wie ich, nämlich dass Hausaufgaben gemacht werden müssen, und am besten fängt man gleich an, dann hat man es erledigt und danach frei ...? Es geht wieder um den Unterschied, über wen denke ich: Über mich oder über den anderen? Diesen Unterschied kann man aus dem geschriebenen Wort nicht herauslesen, es ist die nonverbale Botschaft, die wir senden.

Es ist wichtig, dass jeder sich äußern kann, ohne dafür kritisiert oder belehrt zu werden. Bei einem Dialog geht es nicht um richtig oder falsch, wahr oder unwahr, gut oder schlecht. Diese moralische Dimension stört den Kontakt und den Austausch, weil dann definiert wird, wer richtig und wer falsch ist. Die verschiedenen Standpunkte anzuerkennen und deren Unterschiede herauszuarbeiten, ist die Ausgangsbasis für einen gemeinsamen Weg.

Aber wissen wir es manchmal nicht einfach besser? Als meine Tochter in der ersten Klasse war, fragte sie mich, wie man „die" schreibt. Als ich sagte „D-I-E", war sie skeptisch und meinte, da würde sie lieber noch mal ihre Lehrerin fragen. Natürlich hatte ich recht, steht sogar im Duden, doch darum geht es nicht. Ich finde es wichtig, dass sie weiß: Ich darf an dem, was meine Mutter sagt, zweifeln, und meinen eigenen Weg gehen. Ich darf den Dingen selbst auf den Grund gehen und sie erforschen. Doch wenn ich gesagt hätte: „Ich habe recht, kannst sie gerne fragen, wirst schon sehen ...", dann hätte ich sie und ihr Vorgehen verkehrt gemacht.

Der Bruder

Die Dreizehnjährige sagt zu ihrer Mutter: „Du hast den Jonas (ihr siebenjähriger Bruder) lieber als mich." „Das stimmt nicht, ich liebe euch beide ganz genau gleich." „Der kriegt nicht so schnell Ärger wie ich." „Er ist ja auch viel jünger als du." „Aber wenn er was macht, was dich ärgert, bist du netter zu ihm." „Nein, das ist nicht so. Mit ihm schimpfe ich auch. Zum Beispiel als ..."

Dass die Mutter den Bruder lieber hat, ist die Wirklichkeit der Dreizehnjährigen, so sieht ihre Welt aus. Ein ganz anderes Gespräch würde sich ergeben, wenn die Mutter antworten würde: „Oh, das würde ich gerne verstehen. In welchen Momenten hast du dieses Gefühl?" Wenn die Tochter sich gesehen, verstanden und ernst genommen fühlt, kann die Mutter ihre Sicht daneben stellen: „Jetzt weiß ich, wie es für dich ist. Ich würde gerne sagen, was ich dazu meine. Willst du es hören?" Wenn sie sich über ihre Welten ausgetauscht haben, könnte die Mutter ihr Verhalten darauf abstimmen und ihre Art, wie sie ihrer Tochter ihre Liebe zeigt, so gestalten, dass diese Liebe für die Tochter spürbar wird. Oft ist es ein großes „Aha-Erlebnis" für Eltern, wenn sie ihre Kinder fragen: Woran merkst du, dass ich dich so richtig lieb habe? Die Antworten fallen manchmal ganz anders aus, als die Eltern dachten, auch zwischen Paaren.

Der erste Schritt lautet in Kurzform: Zeige dem anderen deine Welt, und versuche, seine zu sehen. Der erste Schritt ist gemacht, wenn wir das Gefühl haben, alles Wichtige liegt auf dem Tisch. Alle fühlen sich gesehen und verstanden. „Ich habe oft nicht so viel Zeit dafür", sagte eine Mutter. Zum einen dauert es meist kürzer als das Diskutieren, bei jüngeren Kinder oft nur einen Satz lang: „Ich will, dass du aus dem Karussell steigst, und du willst noch fahren." „Du bist so wütend, weil ich dir mein Handy nicht geben will." „Ich hätte gerne, dass du Hände wäschst, und du willst es nicht." Zum anderen ist es auch die Frage: Was ist mir wichtig, wofür will ich meine Zeit nutzen?

Der zweite Schritt

Der zweite Schritt ist, zu schauen und zu entscheiden, wie ich damit umgehen will, dass wir Verschiedenes brauchen und wollen. Eine gute Entscheidung bedarf einer ernsthaften Einbeziehung aller Beteiligten, insbesondere weil die Kinder von uns abhängig sind. Sie können sich alleine zum Beispiel keine Gummibärchen besorgen.

Die Wurst

Ein zehnjähriger Junge lief händchenhaltend mit einem Mädchen über den Schulhof. Sein Ausdruck war jedoch nicht: „Hey, seht mal her, ich habe eine Freundin!", vielmehr hatte er die Schultern etwas hochgezogen, so als wollte er in dieser Situation nicht gesehen werden. Es stellte sich heraus, dass er trotz großem Verlangen nach Wurst keine bekam, denn seine Eltern ernährten sich vegetarisch. Deshalb bot das Mädchen ihm einen Deal an: Ich bringe dir Wurst mit, dafür gehst du händchenhaltend mit mir über den Schulhof.

Doch nicht nur die Frage, ob wir die Bedürfnisse und Wünsche des Kindes miteinbeziehen, ist wichtig, sondern auch der Grund, weshalb wir etwas nicht ermöglichen, ist für die Kinder wichtig.

Die Verabredung

Zwei achtjährige Mädchen verabreden sich in der Schule für den Nachmittag. Zu Hause erzählt das eine Mädchen ihrem Vater davon, dieser sagt jedoch, er wolle, dass sie heute Nachmittag zu Hause bleibt. Sie sei schon die ganze Woche nur unterwegs gewesen, und das würde jetzt mal genügen.

Was ist die Motivation dieses Vaters? Achtjährige können sich schon recht gut in andere hineinversetzen und die Gründe des anderen verstehen, und sie können auch akzeptieren, dass sie vielleicht jetzt gerade etwas zurückstecken müssen, das ist für sie meist kein Problem – wenn der Vater einen für ihn wichtigen Grund angeführt hätte. Wenn jedoch, wie in diesem Beispiel, der Vater nur über ihre Zeit bestimmen will, ohne dass das Vorhaben des Mädchens ihn beeinträchtigt, ist das etwas, das Kinder nicht in Ordnung finden. Die Akzeptanz eines Neins hat viel mit der Motivation für dieses Nein zu tun. Wenn es zum Schutz geschieht oder weil der Vater gut für sich sorgen will, können Kindern das meist gut akzeptieren, den Drang, „Bestimmen-Wollen" nicht.

Eine ernsthafte Einbeziehung ist sehr wichtig, doch manchmal entscheiden wir uns dagegen.

Spiel mit mir

„Liest du mir was vor?", fragt die Vierjährige ihre Mutter. „Nein, ich bin müde, ich will nicht." „Dann spiel was mit mir." „Nein, das will ich auch nicht. Ich will nur hier sitzen und gar nichts tun." Das Kind ist ärgerlich und fängt an, mit Sachen zu werfen. „Du würdest so gerne etwas mit mir machen, und ich bin zu k.o. Das ist wirklich blöd für dich."

Wenn es um meine Belange geht, wie meine Energie, mein Geld oder meine Zeit, die ich, wie in diesem Beispiel nicht „ausgeben" will, ist es aus meiner Sicht eine gute Idee, nein zu sagen. Sicher muss ich, bis ein Kind etwa zwei Jahre alt ist, meine Bedürfnisse oft zurückstellen. Wenn ein Säugling nachts weint und ich habe ein Schlafbedürfnis, dann hilft alles nichts: Es ist wichtig, damit das Kind gesund aufwachsen kann, in den ersten beiden Jahren meine Bedürfnisse zurückzustellen. Nur verpassen wir manchmal den Ausstieg daraus, wir haben uns zu sehr daran gewöhnt, unsere Bedürfnisse zurückzustellen. Wir müssen dann etwas üben, nein zu sagen, auch wenn es die Kinder frustriert. Wir dürfen nein sagen, und die Kinder dürfen frustriert sein, gerne auch laut. Auch die Kinder dürfen nein sagen, und wir dürfen frustriert sein, wenn zum Beispiel ein Kind sagt: „Ich räume mein Zimmer nicht auf, das ist Zeitverschwendung." Auch mein Kind hat natürlich das Recht, zu sagen: Das kannst du gerade nicht von mir haben. Schließlich ist es seine Zeit und seine Energie, und es bestimmt selbst darüber, wie es diese nutzen will.

Doch wenn das Kind nicht aus dem Karussell aussteigt, da reicht es ja nicht zu sagen: „Nein, ich will kein Ticket mehr kaufen." Das ist ein netter Versuch, aber das Kind wird deshalb noch lange nicht aussteigen. Trage ich es dann gegen seinen Willen aus diesem Ding? Das ist eine wichtige Frage, die ich für mich gut klären sollte: Wann zwinge ich ein Kind unter meinen Willen? Denn es gibt Situationen, in denen ich das tue, und das ist auch eine sehr gute Idee, wenn wir zum Beispiel daran denken, dass ein Zweijähriger beschließt, alleine über die Straße zu gehen. Da ist es aus meiner Sicht eine sehr gute Idee, wenn ich ihn gegen seinen Willen festhalte und das nicht zulasse. Schwieriger wird es schon, wenn die Gefahr nicht unmittelbar auftritt, sondern wenn es sich um eine mittelfristige Gefahr handelt.

Zähneputzen

Zeit, Geduld und gute Ideen konnten eines meiner Kinder nicht dazu bewegen, sich die Zähne putzen zu lassen. Egal, was ich anbot und wie ich es versuchte, er wollte definitiv keine Zähne putzen. Also habe ich ihm nach wochenlangem Probieren gegen seinen Willen die Zähne geputzt. „Ich weiß, du willst es nicht, und mir ist es so wichtig. Das tut mir leid, ich weiß keine andere Lösung, und ich putze dir jetzt die Zähne." Es waren drei lange und für alle Beteiligten schweißtreibende Wochen, bis er es einigermaßen über sich ergehen ließ.

War das eine gute Idee? Sollte man das so machen? Das weiß ich nicht. Für mich war es und ist es nach wie vor eine gute Entscheidung gewesen. Weiß ich doch aus eigener Erfahrung, wie schrecklich und oft schmerzhaft kranke Zähne sind. Mein Zahnarzt erzählte mir, dass Kinder wieder vermehrt kariöse Zähne hätten, weil es für die Eltern schwierig sei, ihren Kindern die Zähne zu putzen. Das hörte mein zwölfjähriger Sohn, und ich sagte, dass ich ihm, als er zwei Jahre alt war, gegen seinen Willen Zähne geputzt hatte und wie schlimm das für ihn gewesen war. „Daran kann ich mich nicht erinnern, aber ich bin froh, dass ich keine verschimmelten Zähne habe."

Es ist aus meiner Sicht eine gute Idee, genau zu überlegen, wann ich mein Kind unter meinen Willen zwinge. Dazu gibt es sehr verschiedene Meinungen, und ich denke, je klarer ich diese Linie für mich gefunden habe, umso einfacher wird es für mich.

Ich persönlich zwinge ein Kind unter meinen Willen, wenn Gefahr droht: kurz-, mittel- oder langfristig. Ich schreite also ein, wenn ein Kind die Herztabletten der Oma probieren will, wenn Zähne drohen, ernsthaft Schaden zu nehmen, oder ich beschränke den Medienkonsum eines Zehnjährigen, bis er genug Selbststeuerung aufbringt, um gut für sich selbst zu sorgen. Medien wirken auf unser Belohnungssystem im Gehirn, und es bedarf einer gewissen Hirnreife, um sich selbst zu steuern. Ich biete Außensteuerung an, bis mein Kind in der Lage ist, die Steuerung für sich selbst zu übernehmen.

Doch was ist mit Wickeln? Eine volle Windel ist ja nicht wirklich gefährlich. Dennoch ist es manchmal für uns Erwachsene unter anderem geruchlich kaum auszuhalten, wenn die Windel voll ist. Zweijährige haben zuweilen kein großes Interesse daran, gewickelt zu werden. Ankündigen, abwarten und spannende Angebote auf dem Wickeltisch, gerne auch auf dem Boden, bringen sie nicht immer dazu, sich dem Wickeln zu unterziehen. Ich glaube, sie halten es für Zeitverschwendung. Wenn die Windel immer tiefer sinkt und droht sich auf den Teppich zu entleeren, dann sage ich zu dem Zweijährigen: „Ich will dich jetzt wickeln, und ich schnappe dich gleich." Der geht gerne auf dieses Fangspiel ein und rennt kichernd davon. Doch wenn ich ihn geschnappt habe, ist er wütend. Er dachte wohl, ich kriege ihn sowieso nicht. „Ich weiß, du willst nicht gewickelt werden, tut mir leid, ich weiß keine andere Lösung. Ich beeile mich." Ich darf tun, was ich als verantwortlicher Erwachsener für nötig halte, und das Kind darf frustriert sein und das auch äußern.

Dringendes Bedürfnis

Ich habe meine vierjährige Tochter mit dem Auto vom Kindergarten abgeholt. Zu Hause angekommen, wollte sie noch im Auto bleiben und Auto fahren spielen. Doch ich musste so dringend, dass ich jetzt aussteigen wollte. Da sie nicht alleine im Auto bleiben sollte, trug ich sie aus dem Auto, brachte sie schreiend und zappelnd ins Haus, erledigte, was ich erledigen musste. Als ich fertig war, hatte sie sich wieder beruhigt und fragte mich: „Und, hast du es noch geschafft?"

Ich habe sie frustriert, indem ich sie nicht tun ließ, was sie sich in diesem Moment am meisten wünschte, doch ich habe sie nicht verletzt. Ich glaube, es ist sehr wichtig, zu unterscheiden, wann wir Kinder frustrieren und wann wir sie verletzen. Verletzend wäre es gewesen, wenn ich gesagt hätte: „Wenn du auf die Toilette musst, beeile ich mich auch, und wenn das so ein Theater ist, hole ich dich nicht mehr mit dem Auto ab", denn dann hätte ich ihr zu verstehen gegeben, dass sie sich falsch verhält, und sie hätte das Gefühl gehabt, keinen Wert für mich zu haben, sondern vielmehr eine Belastung zu sein.

Diese Macht, die wir konkret einsetzen (wenn wir Kinder gegen ihren Willen wickeln oder aus dem Auto tragen), ist verschwindend gering, vermutlich unter einem Prozent im Vergleich zu der Macht, die wir unbewusst ausüben. Diese unbewusst ausgeübte Macht ist allgegenwärtig und riesig. Sie beeinflusst unsere Kinder in einem außerordentlichen Maße, ohne dass wir sie bewusst steuern könnten. Es sind die Bücher, die wir ihnen ins Regal stellen, die wir selbst geerbt haben von unseren Eltern und die diese geerbt haben von ihren Eltern und so weiter. Wie schaue ich zum Beispiel meinen Mann an, wenn er sich beim Frühstück mit den Kindern anders verhält als ich mir das wünsche? Das ist eine Macht, die werden Kinder bis in ihre Familien hineintragen. Diese Verhaltensweisen sind meist unbewusst. Die Art und Weise, wie wir uns gegenüber uns selbst verhalten und gegenüber unserem Partner und unseren Kindern – das ist eine enorme Macht, die auf das gesamte Leben der Kinder wirken wird.

Und ich weiß auch ganz genau, wann ich mein Kind nicht zwinge: Wenn es zum Beispiel die Legosteine nicht wegräumt, die Haare nicht waschen will oder beim Essen mit den Fingern isst. Das sind für mich keine Gründe, meine Macht anzuwenden. Das tue ich nur, wenn es für mich wirklich ernst ist.

Aber sollen Kinder sich nicht auch an Regeln halten, wie Händewaschen vor dem Essen oder zu warten, bis alle am Tisch sitzen? Ich persönlich finde Regeln gut, denn sie regeln das Zusammenleben, was es einfacher macht. Bei uns gibt es neben der Regel „Keine Schuhe in der Wohnung" noch die „So wie vorher"-Regel: Macht man was schmutzig, macht man es wieder sauber, macht man etwas leer, füllt man es wieder auf oder schreibt es auf die Einkaufsliste, geht etwas kaputt, kümmert man sich um die Reparatur.

Regeln aufzustellen ist nicht schwer. Interessant wird es erst, wenn sich jemand nicht an diese Regel hält. Denn so viel ist sicher: Er hat einen guten Grund dafür. Wenn ich mich für diesen Grund interessiere, ist ein gemeinsamer Weg möglich, wenn ich nur fordere: „Halte dich gefälligst an die Regel", dann nicht.

Angenommen, ein Kind räumt seine Legosteine nicht aus der Küche weg, hält sich also nicht an die Regel „So wie vorher", und ich zwinge es nicht zum Aufräumen. Wie lernt es denn dann aufräumen? Oder in einer Schule sollte sich ein Sechsjähriger nach einem Tritt beim Getretenen entschuldigen, und er wollte nicht. Hat das keine Konsequenzen? Oder ein dreijähriges Mädchen zieht ein anderes an den Haaren. Es muss doch lernen, dass es das nicht machen soll. Ja, natürlich sollen Kinder all das lernen, schließlich brauchen wir diese Fähigkeiten, um in unserer Gesellschaft gut miteinander auszukommen. Doch die große Frage ist, wie können sie es lernen, ohne dass wir sie dabei beschädigen?

Früher dachte man, man müsse Kindern Schmerzen zufügen in Form von Belohnung und Bestrafung, um sie dazu zu kriegen, mitzumachen. Wenn ein Kind unerwünschtes Verhalten zeigte, war die Frage: Wie schaffen wir es, dass es damit aufhört? Es wurde versucht, Kinder durch Belohnung oder Bestrafung zu formen: Wie soll das Kind sein, und wie schaffen wir es, das so hinzubekommen? Es ging um Kontrolle. Heute geht es um Vertrauen. Vertrauen in das sozial kompetent geborene Kind, das ist das Herzstück des neuen Bildes vom Menschen.

Heute weiß man, dass Kinder von Anfang an den Drang und die Fähigkeit haben, alles zu lernen, was sie brauchen, um gut mit sich und anderen zurechtzukommen. Das ist wie bei einer Kastanie, die vom Baum fällt. Wenn sie auf lockeren Boden fällt, mit genügend Wasser, Nähstoffen, Sonne und Raum, entwickelt sie sich zu einem prächtigen Baum. So ist es auch bei den Kindern: Bekommen sie alles, was sie für ihre Entwicklung brauchen, entwickeln sie sich automatisch zu sehr sozialen Menschen, die in der Lage sind, ihr intellektuelles, soziales, emotionales, kreatives, körperliches (und was es sonst noch alles gibt) Potential voll auszuschöpfen. Sie wollen ein wertvolles Mitglied der Gemeinschaft sein, und dafür geben sie alles. Sie wollen herausfinden: Wer bin ich, wie geht das hier, was kann ich dazu beitragen? Im Zentrum der Begleitung von Kindern steht also die Frage: Was brauchen sie, um sich gut zu entwickeln? Damit eng verbunden ist die Frage, für jedes einzelne Kind: Wer bist du, und wer willst du sein? Und wie kann ich dich begleiten auf deinem Weg? Denn im Vergleich zu Kastanien sind wir Menschen mit einer riesigen Individualität ausgestattet, die es uns ermöglicht, in so vielfältiger, kreativer Weise zusammenzuleben und gemeinsam das Leben zu gestalten. Belohnungen und Bestrafungen sind dafür nicht nur überflüssig, sie schaden auch.

Die Diebin

Eine Fünfjährige wollte im Spielwarenladen ein kleines Pferd kaufen, die Mutter sagte nein. Zu Hause bemerkte die Mutter, dass sie mit eben diesem Pferdchen spielte, die Banderole war schon ab. Deshalb erklärte die Mutter ihrer Tochter, dass man Sachen bezahlen muss, weil die Verkäufer das Geld brauchen: um für sich Essen zu kaufen und auch, um wieder neue Spielsachen zu kaufen. Das verstand die Tochter und war bereit, das Geld dort hinzubringen, von ihrem Konto. Damit war die Mutter nicht einverstanden, denn dieses Konto füllten die Großeltern, und sie hätte davon keinen Nachteil. Die Mutter wollte, dass sie es von ihrer Spardose nahm, in der sie Geld für Spielzeug sparte, denn ihre Tochter müsse doch auch spüren, dass Klauen nicht geht.

Das ist es wieder, das alte Bild vom Menschen, das davon ausgeht, wir müssten Kindern Schmerzen zufügen, damit sie sich zu anständigen Menschen entwickeln. Wenn ich über Belohnungen (wie etwa Gummibärchen oder Smileys) erziehe, basiert meine Erziehung auf der Abhängigkeit des Kindes, wenn ich mit Bestrafungen (gebräuchlicher ist heute das Wort Konsequenz) erziehe, basiert meine Erziehung auf Angst. Keine Frage: Das wirkt! Ich bekomme, wenn ich nur heftig genug bin, gehorsame Kinder, beschädigt, aber gehorsam. Ein Vater sagte, er habe dazu zwei Fragen: Erstens, weshalb Konsequenzen Strafen seien und zweitens, wieso er von seiner „Schreckensherrschaft" ablassen solle, sie würde wunderbar funktionieren, im Gegensatz zu dem Gerede seiner Frau.

Ja, wieso sind Konsequenzen Strafen? Eine Konsequenz kann eine Kausalität beschreiben oder eine Bedingung. Eine Kausalität liegt vor, wenn ich sage: „Wenn du keine Jacke anziehst, wirst du nass, denn es regnet." Das stellt einfach einen Sachzusammenhang her, den es im realen Leben gibt. Wenn ich sage: „Wenn du keine Jacke anziehst, darfst du auch nicht raus", dann ist das eine Bedingung, die ich stelle, und sollte das Kind sich nicht daran halten, wird es bestraft. Sein Verhalten (keine Jacke anziehen) wird sanktioniert (du darfst nicht raus). Wenn du nicht machst, was ich will, dann mache ich etwas, das du nicht willst.

Oft kann es der gleiche Wortlaut sein. „Wenn du bis 19 Uhr fertig bist, lese ich dir noch vor, danach nicht mehr." Das kann bedeuten, dass ich – zum Beispiel, weil ich danach weggehe oder danach zu müde bin – nur bis 19 Uhr vorlese. Es kann aber auch bedeuten, dass ich damit versuche, das Kind dahingehend zu manipulieren, dass es macht, was ich will. Meine Intention macht den Unterschied: Rede ich über mich oder darüber, wie das Kind sein soll, wie es sich verhalten soll. Kinder hören den Unterschied sofort.

Ich habe Kinder der dritten Klasse gebeten, mir zu helfen und zu beschreiben, was eine Strafe ist, denn ich hätte immer wieder Schwierigkeiten, es Lehrenden zu erklären. Ich habe ihre Aussagen zusammengefasst:

Strafen

Es fängt damit an, dass man etwas tut, was der Lehrer nicht will. Manchmal wissen wir, was das ist, manchmal nicht. Das ist aber egal. Dann überlegt sich der Lehrer etwas, von dem er glaubt, dass es einen stört oder ärgert, wie zum Beispiel dass man einen Entschul-

digungsbrief schreiben muss oder beim Fußball nicht mitmachen darf. Manchmal denkt der Lehrer auch nur, dass es einen stört, denn wenn man herausgeschickt wird, ist das ja gut, dann muss man nicht mitmachen. Das macht der Lehrer, damit wir uns schlecht fühlen, weil er glaubt, dass wir es dann nicht wieder machen.

Ja, so funktionieren Strafen. „Damit wir uns schlecht fühlen." Erwachsenen wissen ganz genau, dass es so funktioniert, und viele spüren genau, dass Konsequenzen dazu führen, dass die Beziehung zu ihrem Kind und das Selbstgefühl ihres Kindes darunter leiden. Die meisten erziehen heute nicht mehr aus Überzeugung mit Konsequenzen, sondern aus Verzweiflung und sie suchen dringend nach einer Alternative.

Ob der Vater seine „Schreckensherrschaft" beenden sollte, das kann nur er entscheiden, in Abhängigkeit davon, was er für sich und seine Kinder erreichen will. Welche Beziehung will er, auch langfristig, zu ihnen haben? Und welche Beziehung sollen seine Kinder zu sich selbst haben? Selbstachtung, Selbstliebe? Dann wäre es gut, sie zu beenden und ein echtes Miteinander zu wagen, auch mit seiner Frau.

Eine Mutter fragte, wieso denn dann Belohnungen schlecht seien. Auch bei Belohnungen geht es darum, das Kind zu manipulieren. Mach, was ich sage, was ich für richtig halte, dann bekommst du, was du gerne hättest, dir aber alleine nicht verschaffen kannst. Die Botschaft dahinter ist: Ich vertraue dir nicht (dass du von dir aus den Antrieb hast, alles zu lernen, was du für dein Leben brauchst ... ich weiß besser, was für dich gut ist). Aber was ist mit Hausaufgaben? Es wäre doch wirklich besser, sie würde sie machen. Wirklich? Da bin ich mir nicht sicher und gehe eher davon aus, dass sie keinen Sinn ergeben. Doch das ist nicht der entscheidende Punkt für mich, vielmehr die Frage, was wichtiger ist, gemachte Hausaufgaben oder mein Kind begleiten, sich selbst kennenzulernen: Was ist dir wichtig? Wo willst du hin? Wofür willst du deine Lebenszeit nutzen?

Wir brauchen Kinder nur ernst nehmen, der Rest ist schon da.

Kinder wünschen sich aus tiefstem Herzen, dass wir mit ihnen zufrieden sind. Wie wichtig ihnen das ist, das können wir erahnen, wenn wir an unsere eigenen Eltern denken. Wir Erwachsenen sind existentiell und emotional nicht mehr abhängig von unseren Eltern, und doch ist es für viele so wichtig, was ihre Eltern über sie denken. Wenn die eigenen Eltern zufrieden sind, wie die Kinder erzogen werden, setzt Entspannung ein. Wenn sie jedoch zu verstehen geben, meist nonverbal, dass sie es unmöglich finden, wie diese „moderne" Erziehung läuft, geht oft der Stress los. Familienfeste sind manchmal mehr Stress als Freude. Wenn man sich das vor Augen führt, wird ziemlich schnell klar, wie wichtig es für einen Zweijährigen ist, was wir Eltern wollen. Er ist ja von uns völlig abhängig.

Das kann man auch messen. Eine gelungene Interaktion führt nämlich dazu, dass im Menschen

Glückshormone ausgeschüttet werden. Deshalb stellt sich die Frage: Wenn Kinder wollen, dass wir mit ihnen zufrieden sind, wenn es sie sogar glücklich macht: Wieso machen die dann nicht einfach, was wir wollen – dann wären doch alle glücklich? Wenn Kinder auf Glückshormone verzichten, haben sie dafür einen sehr wichtigen Grund. Es gibt drei große Gruppen von Gründen: Kinder wissen nicht, was wir wollen, oder sie wollen nicht, was wir wollen, oder sie können nicht, was wir wollen.

Angenommen, wir könnten den Alltag mit Kindern mal aus einer völlig anderen, ganz entspannten Perspektive betrachten, nämlich auf dem Sofa sitzend. Wir schauen uns einen Film an, der zeigt, was im ganz normalen Alltag so alles passiert, und wir könnten einfach nur zuhören und zuschauen, ohne irgendetwas tun zu müssen. Vielleicht noch etwas Leckeres zu trinken, was zu knabbern, und schon geht der Film los.

In der ersten Filmszene schmeißt ein siebenjähriger Junge, als er nach Hause kommt, den Ranzen in den Flur. Die Mutter sagt zu ihm: „Dein Ranzen liegt mitten im Flur." Er schaut hin, zuckt mit den Schultern und geht weiter.

Jetzt halten wir den Film kurz an und schauen, was hier los ist: Kinder wollen ja gut mit uns auskommen, und wenn ein Kind sich anders verhält, als wir uns das wünschen, dann hat es einen wichtigen Grund dafür. Es kann zum Beispiel sein, dass es nicht weiß, was wir wollen.

Nicht wissen

Es kann sein, dass der Junge aus der Aussage „Dein Ranzen liegt mitten im Flur" keine Aufforderung ableiten kann. Ich erlebe es häufig, gerade bei Jungs, dass sie mit solchen impliziten Aussagen nichts anfangen können. Ich kenne so viele Beispiele, wo es einfach nur daran lag, dass das Kind nicht verstanden hatte, was der Erwachsene wollte.

Das Elterngespräch

Die Lehrerin hat drei Stühle bereitgestellt, für sich, die Mutter und das achtjährige Kind. Der Junge zieht einen Sitzsack an den Tisch, die Lehrerin sagt: „Wir haben hier auch Stühle." Der Junge schaut sich das an, zuckt mit den Schultern und will sich auf den Sitzsack setzen. Die Mutter sagt: „Ich glaube, deine Lehrerin will, dass du dich auf einen Stuhl setzt." „Ach so", sagt der Junge, bringt den Sack weg und setzt sich auf den Stuhl.

Manchmal wissen Kinder auch nicht, dass wir überhaupt etwas von ihnen wollen. In der Zeichentrickserie „Peanuts" waren die Eltern von Charlie Brown und seinen Freunden nie zu sehen. Wenn die Eltern etwas sagten, war in der oberen Ecke ein Lautsprecher zu sehen, und es ertönte ein „ Woawoawoa". Genauso stelle ich es mir vor, wenn wir zu einem zweijährigen Kind etwas sagen, ohne auf „Sendung" zu sein. Angenommen, ich sage: „Ben, ich will dass du deine Jacke anziehst", dann kann es sein, dass es viel zu schnell war. Erst mal muss ich sicherstellen, dass er mich überhaupt aus seinem Spiel heraus wahrnimmt. Wenn ich also „Ben" sage, dann kann es schon mal zehn Sekunden dauern. Sag mal „Ben", und warte zehn Sekunden, das ist wirklich lange, besonders wenn wir los wollen. Doch so lange dauert es zuweilen, bis ein Zweijähriger auf Empfang schaltet. Wenn er dann auf mich reagiert, bin ich auf Sendung und kann sagen, was ich will, sonst hört er nur, wenn überhaupt, „ Woawoawoa".

Manchmal ist es auch so, dass Kinder wissen, was wir wollen, aber nicht wissen, wer wir sind. Ein Vater erzählte, dass seine dreijährige Tochter Wasser auf den Teppich schüttet und ihn dabei ansieht. Er hätte schon sehr oft gesagt, dass er es nicht will, und fragte, wann sie das verstehen würde. Ich glaube, dass sie schon genau verstanden hat, dass ihr Vater das nicht will. Was sie aber noch nicht weiß und deshalb herausfinden will, ist, was ihr Vater tut, wenn sie etwas macht, von dem er nicht will, dass sie es tut. Deshalb schaut sie ihn an, nicht das versickernde Wasser. Es ist eine Art „Sozialexperiment", um ihren Vater besser kennenzulernen. Und es stellte sich heraus, dass er darauf für sich tatsächlich noch keine Antwort gefunden hatte.

Film wieder auf Anfang: Gleiche Szene, Ranzen landet wieder im Flur. Die Mutter versucht es mit einer expliziten Aussage: „Ich will, dass du deinen Ranzen ins Regal stellst." – und er zuckt wieder die Schultern und geht weiter.

Nicht wollen

Jetzt weiß er zwar, was wir wollen, aber er will nicht, was wir wollen – vielleicht weil er so nicht angesprochen werden will. Angenommen, mein Mann kommt nach Hause und wirft seine Tasche in den Flur, und das erste, was ich sage, ist: „Ich will, dass du deine Tasche ins Regal stellst", dann ist uns klar: Das ist keine angemessene Ansprache. Und so kann es sein, dass dieser Junge nicht mitmacht, weil er sich nicht anständig behandelt fühlt.

Und ewig grüßt das Murmeltier, also wieder auf Anfang: Der Ranzen fliegt, und die Mutter sagt: „Hey, hallo Jonas, schön, dich zu sehen. Hör mal, ich will, dass du deinen Ranzen ins Regal stellst." Er zuckt mit den Schultern und geht weiter.

Was ist denn jetzt schon wieder? Dieses Nicht-Wollen kann auch bedeuten: „Ich habe den ganzen Schulalltag funktioniert, still gesessen, mich gemeldet, sinnlose Blätter ausgefüllt, anderen zugehört, obwohl ich viel lieber Fußball gespielt hätte, und jetzt ist meine Kapazität für Kooperation aufgebraucht, jetzt mache ich, was ich will." Denn es erfordert ja eine Menge an Willenskraft, einen Schulalltag durchzustehen.

Wenn diese Willenskraft aufgebraucht ist, bringt es nichts, zu sagen: Ja, aber du musst hier auch! Er braucht jemanden, der sieht und anerkennt: So geht es dir jetzt. Der ihn mal in den Arm nimmt und sagt: „Kein Bock, richtig?", dann ist Kontakt da. Oft fangen Kinder dann an, zu erzählen, was alles blöd war und wie es ihnen geht. Das Kind fühlt sich gesehen und ernst genommen – dann, und erst dann ist es in der Lage, mich zu sehen und mich ernst zu nehmen. Wir müssen in Vorlage gehen, bevor ich sagen kann: „Kannst du mir zuliebe den Ranzen bitte trotzdem wegstellen?"

Und wenn er es trotzdem nicht tut? Dann bin ich sehr erleichtert, denn dann ist für mich etwas Wichtiges erreicht: Das Kind schafft es, zu mir nein zu sagen, um zu sich selbst ja zu sagen. Das ist von enormer Wichtigkeit, um emotional gesund zu bleiben. Denn was ist wichtiger: dass der Ranzen ins Regal wandert oder dass dieser Mensch es schafft, gut für sich selbst zu sorgen?

Häufig kommt dann ein bisschen Panik auf: Kinder sollen doch auch lernen, sich in die Gemeinschaft einzufügen, und wenn er erst in die Pubertät kommt, dann tanzt er mir erst recht auf der Nase herum ... Das Aufkommen dieser Panik liegt daran, dass wir in der Gehorsamskultur aufgewachsen sind. Solche Gedanken sind normal. Wichtig ist nur, sie zu erkennen und zu beenden. Denn dann regiert in uns die Angst, nicht das Vertrauen in das sozial kompetent geborene Kind, das von Geburt an in unserer Gemeinschaft mitmachen will und auch kann.

Etwas anderes zu wollen, als wir wollen, das kann auch sein, wenn Kinder Zimmer nicht aufräumen, den PC nicht ausmachen oder die Haare nicht waschen wollen. Doch ich finde: gleiches Recht für alle. Ich nehme mir ja auch raus, zu wollen, was ich will.

Nicht können

Wenn ein Kind nicht macht, was wir wollen, kann es auch sein, dass das Kind entwicklungsbedingt nicht kann, was wir wollen. So ergibt es keinen Sinn, von einem dreijährigen Kind eine Entschuldigung zu verlangen. Es ist schließlich nicht in der Lage, die Perspektive des anderen einzunehmen, dazu fehlt ihm die nötige Hirnreife.

Leise sein

Meine Kinder waren fünf und drei Jahre alt und liebten es, mit DUPLO Steinen und sehr viel Alufolie Lummerland nachzubauen. Ihr kleiner Bruder, neun Monate alt, hatte jedoch mehr Interesse daran, Lummerland abzubauen. Also bauten wir daran, wenn er schlief. Dazu brauchten sie nur zehn Minuten leise sein, dann schlief er. Doch sie schafften es oft nicht, so gerne sie auch mit mir losbauen wollten. Entweder brachen sie währenddessen in lautes Gelächter aus oder in Streit, und er war wieder wach. Sie wollten, aber sie konnten nicht.

Und es gibt Kinder, die können nicht, weil sie in ihrem Leben herausgefordert sind.

Die Schere

Ein siebenjähriger Junge wirft in der Klasse mit Stühlen. Gerät er in einen Konflikt, schlägt und tritt er andere, und schließlich bedroht er die Lehrerin mit einer Schere.

Wenn wir davon ausgehen, dass Kinder sozial kompetent geboren werden, dann ist ein solches Verhalten ein Signal dafür, dass Kinder nicht bekommen, was sie brauchen. Diese Kinder werden oft „herausfordernde Kinder" genannt. Ich war mit diesem Begriff sehr unzufrieden, weil er es so aussehen lässt, als seien es die Kinder, die uns herausfordern. Vielmehr ist es jedoch umgekehrt: Die Erwachsenen fordern mit ihrem Verhalten die Kinder heraus. Deshalb habe ich den Begriff „herausgeforderte Kinder" geschaffen, um diesen Zusammenhang zu beschreiben. Diese Kinder erleben in ihrem Leben einen Mangel oder einen Schmerz, der sie in ihrer Entwicklung hindert. Sie sind herausgefordert. Ihr Verhalten ist damit eine kompetente Rückmeldung auf das Angebot der Erwachsenen. Ein herausgefordertes Kind verhält sich nicht falsch, wenn es Stifte zerbricht oder das Mäppchen anderer in den Müll schmeißt. Es verhält sich sinnvoll, denn es drückt mit seinem Verhalten aus: So, wie ihr mich behandelt, geht es mir nicht gut.

Kinder in diesem Alter können das nur mit ihrem Verhalten oder mit ihrem Körper ausdrücken, der sprachliche Ausdruck ist ihnen oft erst später möglich. Der Siebenjährige kann nicht sagen: „Ohne elterliche Führung und sichere Bindung kann ich mich nicht gut entwickeln." Das kann er nur mit seinem Verhalten oder seinem Körper sagen. Verstehen die verantwortlichen Erwachsenen diese anfangs leisen Signale nicht oder reagieren sie darauf nicht, drehen Kinder den Lautstärkeregler immer weiter auf, und einige verstummen. Wenn wir das anerkennen, kämpfen wir nicht länger gegen dieses Verhalten, sondern verstehen, dass die Anpassungsleistung von den Erwachsenen erbracht werden muss, nicht vom Kind.

Das ist wie bei einem Feuermelder: Wenn der losgeht, kann man sich um das laute, nervige, kaum auszuhaltende Piepen kümmern (also um das Symptom, wie zum Beispiel, dass er die Lehrerin mit der Schere bedroht), man kann auch schauen, wo es brennt und etwas gegen die Ursache, also gegen das Feuer unternehmen. Ich kann also versuchen, ihn dazu zu bringen, keine Stifte mehr zu zerbrechen, ich kann aber auch anerkennen, dass er damit sagen will: Mir geht es nicht gut! Und versuchen, herauszufinden, was los ist, also wo es brennt, und dagegen etwas unternehmen.

Doch das Verhalten der Kinder wird nur selten als kompetent anerkannt. Bei so vielen „Runden Tischen" habe ich erlebt, dass Pädagogen versuchen, das Verhalten auf der Symptomebene zu verändern. Das führt lediglich zu Frustrationen bei allen Beteiligten.

Bei dem Siebenjährigen, der andere massiv verletzt hat, wurde ein Paket aus Verstärkerplänen, Bewegungsangeboten und Konsequenzen erdacht. Das alles zeigt beeindruckend, wie engagiert Pädagogen helfen wollen, aber das hilft ja nicht. Denn diese Maßnahmen zielen alle auf die Symptomebene und beschäftigen sich mit der Frage: Wie können wir das laute, nervige Piepen loswerden? Hilfreicher ist es, anzuerkennen, dass sein Verhalten eine kompetente und sinnvolle Rückmeldung auf das Verhalten der Erwachsenen ist, und den Ursachen zu begegnen: dass er etwas so dringend Benötigtes vermisst oder dass ihn etwas so sehr schmerzt. Erst wenn der Brand anerkannt ist und die Löscharbeiten begonnen haben, wird das Piepen aufhören. Doch häufig wird gerade bei herausgeforderten Kindern mit Verstärkerplanen und Konsequenzen gearbeitet, weil viele Erwachsene so hilflos sind.

Ein Vater sagte über seine achtjährige Tochter, dass sie aber doch nicht immer gleich so anfangen könne, zu schreien, wenn nicht das geschieht, was sie will. Zum Beispiel wolle sie darüber bestimmen, wer wo am Essenstisch sitzt. Machen die anderen Familienmitglieder nicht mit, gibt es ein ohrenbetäubendes Geschrei, bis alle da sitzen, wo sie sie haben will. Ich habe zu ihm gesagt: „Du beschwerst dich über den Feuermelder, anstatt anzuerkennen, dass sie damit eine wichtige Aufgabe übernommen hat, nämlich zu zeigen: So, wie ihr mit mir zusammen seid, geht es mir nicht gut."

Es ist oft schwer für Eltern, denn es bedeutet auch, sich selbst zu hinterfragen: Was von dem, was wir aus Liebe und Fürsorge tun, ist bei unserem Kind nicht angekommen? Mir ist wichtig, zu betonen: Es geht nicht darum, dass die Eltern schuld sind am Verhalten des Kindes, doch sie sind verantwortlich dafür, etwas zu tun, damit es ihrem Kind besser geht. Oft ist es eine gute Idee, wenn Eltern sich dabei Begleitung holen, denn sie sind so dicht dran und sehen dadurch viel weniger. Ganz egal, wie der Grund des Kindes auch aussehen mag, es ist wichtig, anzuerkennen, dass es einen guten Grund hat.

Nils

Kinder der ersten Klasse sollen ein Arbeitsblatt bearbeiten, doch Nils schaut nur auf sein Blatt. Die Lehrerin sagt: „Na komm, Nils, fang an." „Ich kann das nicht." „Doch, du kannst das. Du hast das gestern so toll gemacht, fang einfach mal an." „Ich kann das aber nicht." „Schau mal, wenn du es jetzt nicht machst, hast du heute Nachmittag so viel zu tun, das wäre doch blöd, mach es doch jetzt." Die Lehrerin fragt schließlich: „Okay, was genau kannst du denn nicht?" Nils antwortet: „Alles." „So kann ich dir nicht helfen, du musst schon sagen, was genau du nicht verstehst." Nils fängt nicht an, sondern legt den Kopf auf den Tisch und ist nicht mehr ansprechbar. Ähnliche Situationen gibt es täglich, weshalb die Lehrerin für Nils einen Verstärkerplan in Form einer „Ausmalschnecke" implementieren will.

Was die Lehrerin sagt, ist freundlich und unterstützend gemeint, und doch hilft es Nils nicht. Denn sie hält an ihrer Gehorsamsforderung fest, und so kann Nils sich nicht bewegen und auch nichts über sich selbst lernen. Wir müssen die Gehorsamsforderung vollständig loslassen, wenn wir Kinder begleiten wollen, sich selbst zu folgen. Die Lehrerin fordert Gehorsam, wenn auch freundlich: Mach, was ich dir sage, ich habe gute Gründe dafür (und die sind besser als deine). Sie zeigt Nils nur ihre Wirklichkeit: Du kannst das, und es wäre sehr vernünftig, es jetzt zu machen. Seine Welt bleibt ausgeschlossen, weil sie sich dafür nicht interessiert und sie diese nicht miteinbezieht. Jenseits der Gehorsamsforderung wäre die Botschaft: Wenn du nicht machst, was ich dir sage, hast du einen guten Grund dafür. Ich interessiere mich für dich und deine Welt, also auch für das, was für dich wichtig ist.

Ob Nils sich mit dem Freund gestritten hat, vielleicht kann er es wirklich nicht, und er hat gestern bei seinem Sitznachbarn abgeschaut, vielleicht ist er einfach müde, weil in seinem Leben gerade so viel los ist, vielleicht ist es ihm zu wenig Wachstum, eine ähnliche Aufgabe wie gestern zu machen ... Es gibt Tausende von möglichen Gründen, die sich hinter dem Satz „Ich kann das nicht" verbergen können. Natürlich könnte man sagen: Dafür ist ja keine Zeit. Doch man braucht auch nicht mehr Zeit. Man macht ja nicht mehr, sondern man macht nur etwas anderes: Angenommen, die Lehrerin hätte gesagt: „Nils, ich sehe, dass du gar nicht anfängst." „Ich kann das nicht." „Oh, das wundert mich, gestern hatte ich den Eindruck, dass du mit der Aufgabe gut zurechtgekommen bist." Und je nachdem, was Nils ihr daraufhin an Körpersprache und Worten anbietet, geht sie darauf ein und fasst in Worte, was sie bei ihm wahrnimmt. Selbst wenn sie keine Idee hat, was los sein könnte, das macht nichts. Wichtig ist jedoch ihre Botschaft: Ich weiß, wenn du nicht mitmachst, hast du einen guten Grund dafür. Ich bin da und sehe dich. Vielleicht finden wir gemeinsam heraus, was dir gut tut und was du brauchst, um mitzumachen." Nils wird genau spüren, ob da Raum und Interesse für seine Welt ist oder ob von ihm lediglich erwartet wird, einfach zu funktionieren.

Eine solche Begleitung von Kindern, die es ihnen ermöglicht, sich selbst kennenzulernen und gute

Wege für sich zu finden, erfordert, dass ich die Verantwortung dafür übernehme, welche Qualität unser Zusammensein hat.

Ich war in einer achten Klasse, und als ein Mädchen zur Pause ging, sagte sie, sodass ich es hören konnte: „Wenn ich so eine Wandelmasse wäre, würde ich mich erschießen." Natürlich könnte ich eine Front mit anderen Lehrern und ihren Eltern bilden, ich könnte sie auch vor den anderen beschämen: „Dein Verhalten ist überhaupt nicht in Ordnung", ich könnte ihr eine Strafarbeit geben, aber dann würde ich nicht die Verantwortung übernehmen. Die Verantwortung zu übernehmen für die Qualität unseres Miteinanders, bedeutet auch, mich dafür zu interessieren, wie es ihr mit mir und meinem Verhalten geht. Deshalb habe ich zu ihr gesagt: „Carla, was du eben über mich gesagt hast, ist wirklich hart für mich." „Ist halt meine Meinung." „Ich glaube, ich habe irgendetwas gesagt oder getan, was für dich nicht okay war. Wenn das so ist, will ich das gerne wissen, weil es mir sehr wichtig ist, dass du dich von mir anständig behandelt fühlst." „Es ist nichts." „Kannst du für mich darüber nachdenken?" „Hm." Am nächsten Tag habe ich sie wieder gefragt, und sie hat gesagt: „Natalie (die alle die „Klassenschöne" nannten), die schwätzt dauernd, und da sagen Sie nichts, und wenn ich mir bloß einen Stift ausleihe, dann bekomme ich sofort Ärger." Ich wusste, welche Situation sie meinte, ich hatte zu ihr gesagt: „Ich will, dass du dein Handy wegpackst", sie hatte nämlich mit ihrer Freundin ein Video angeschaut, also quasi einen Stift ausgeliehen.

Auf gar keinen Fall fange ich jetzt an, darüber zu diskutieren, wer recht hat (Stift oder Video), sondern ich nehme sie ernst: Denn sie hat mir gesagt, dass sie sich von mir ungerecht behandelt fühlt. Ob ich sie tatsächlich ungerecht behandelt habe oder ob sie sich ungerecht behandelt fühlt, ist unerheblich – zumal das ja auch wirklich sein kann, denn wissenschaftlich ist es so, dass schöne Menschen mehr Sympathie entgegengebracht bekommen, und das ist ungerecht – sie fühlt sich ungerecht behandelt, das ist ihre Wirklichkeit, und so kann sie nicht mit mir zusammenarbeiten.

Oft sagen wir dann so Dinge wie: „Das stimmt doch nicht", oder „Das ist doch kein Grund, so was zu sagen", aber dann nehme ich sie nicht ernst.

Ernst nehmen ist, wenn ich sage: „Du fühlst dich von mir ungerecht behandelt, das tut mir leid, das ist nicht meine Absicht. Mir ist es wirklich wichtig, dass du dich hier wohl fühlst. Und manchmal übersehe ich Dinge und brauche einen Hinweis Danke, dass du den Mut hattest, es mir zu sagen. Ich achte jetzt darauf, falls es mir noch nicht so gut gelingt, wäre ich froh, wenn du es mir sagen könntest. Das würde mir helfen. Ist das eine gute Idee für dich?" „Ja, okay."

Jetzt kann man denken: Aber die muss doch lernen ... Ja, wird sie auch, aber zuerst braucht sie jemanden, der sie ernst nimmt. Entwicklung geschieht nur in freundlicher Resonanz. Sie weiß selbst, dass aus dem Stiftausleihen ein Videoanschauen geworden ist, und dass das im Unterricht nicht geht, weiß sie auch.

Aber vielleicht hat sie sich nicht an diese Regel gehalten, um sich selbst intakt zu halten, denn wenn man sich respektlos behandelt fühlt, kann es sein, dass man das auch macht, um das Gleichgewicht wieder herzustellen.

Wenn ich sie respektvoll behandle, dann wird sie auch mich automatisch respektvoll behandeln, sie wird gar nicht anders können. Vielleicht stehe ich auch nur stellvertretend für andere Erwachsene, von denen sie sich ungerecht behandelt gefühlt hat. Aber ich kann einen Unterschied machen, indem ich sie gleichwürdig behandle und ihr zeige, welches Miteinander ich gerne haben will. Das ist für mich Führung. Oft geben Erwachsenen jedoch die Führung aus der Hand und lassen das Kind den Umgangston bestimmen, nach dem Motto: Wenn du dich „blöd" verhältst, mache ich das auch.

Der Joghurt

Eltern wurde in einer Erziehungsberatung geraten, ihrem zwölfjährigen Kind den Lieblingsjoghurt nicht vom Einkaufen mitzubringen, wenn es nicht auch bereit wäre, sich bei der Hausarbeit zu beteiligen.

Wenn die Eltern so agieren, überlassen sie dem Zwölfjährigen den Umgangston in der Familie. Doch Kinder sind nicht in der Lage, die Verantwortung dafür zu übernehmen, das ist die Verantwortung der Erwachsenen. Ein erster Schritt in diesem Beispiel wäre für mich, zu schauen, warum der Zwölfjährige nicht mithilft. Wenn Kinder sich nicht verantwortlich fühlen für das „Gemeinsame", kann es dafür viele Gründe geben: Vielleicht gibt es in dieser Familie nicht besonders viel Gemeinsames, oder er durfte kaum Verantwortung tragen, sondern sollte lediglich Aufgaben übernehmen – ohne eigene „Regie" –, oder die Eltern haben ihre Liebe die ersten Jahre durch „Service" zum Ausdruck gebracht und alles erledigt, anstatt ihren Sohn am gemeinsamen Alltag zu beteiligen ... Es kann alles Mögliche sein. Wichtig ist, anzuerkennen: Er hat einen guten Grund dafür, anstatt ihn dafür zu bestrafen, dass er nicht tut, was er aus Sicht seiner Eltern tun soll.

Das Frühstücksbuffet

In einem Hotel waren braune Bällchen in einer Plexiglasröhre angerichtet. Wenn man am Verschluss drehte, kullerten sie laut klackernd in eine Schale. Eine Dreijährige wollte das gerne ausprobieren, ihr Vater wollte jedoch, dass sie ein Müsli mit Haferflocken aß. Sie weinte und lag auf dem Boden vor dem Müslispender. Der Vater erlaubte es schließlich, und sie ging gleich ans Werk. Als die Bällchen in der Schale waren, verlor sie das Interesse daran und wollte lieber ein Brötchen. Wütend schimpfte der Vater mit ihr, sie hätte sich die Bällchen ausgesucht und die solle sie jetzt auch essen. „Immer so ein Theater mit dir. Du kannst einem das ganze Frühstück verderben."

Hier wird die Dreijährige verantwortlich gemacht für die Stimmung zwischen den beiden beim Frühstück, doch die kann sie ja nicht übernehmen, sie ist drei Jahre alt. Sie kann ja noch nicht mal einen Perspektivwechsel vornehmen und sich vorstellen, wie ihr Vater sich jetzt gerade fühlen könnte. Sie weiß nur, dass sie auch mal an dem Ding drehen will, sodass die ganzen Bällchen heraus kullern.

Im ersten Schritt hätte der Vater beide Wünsche nebeneinander stellen können: Du willst die Bällchen, und ich will, dass du die Haferflocken isst. Im zweiten Schritt hätte er sich überlegen können, ob für ihn eine Einbeziehung möglich ist, und wenn nicht, hätte er entschieden: Nein, ich will es nicht. Und die Tochter hätte frustriert sein dürfen. Das wäre alles gewesen, und nach fünf Minuten hätte sie ihren Schmerz verarbeitet, dieses tolle Ding nicht ausprobieren zu können, und das Frühstück wäre einfach weitergegangen.

Doch oft ist in unserem Kopf: Das muss doch auch friedlicher gehen, ruhiger. Ich denke, das ist eine völlig unrealistische Vorstellung. Denn wenn junge Kinder lernen (dass ihr Vater etwas anderes wollen kann als sie selbst und dass ihr Wunsch nicht immer in Erfüllung geht), klingt es oft laut und intensiv. Wenn wir dabei denken könnten: „Ach schau mal, gerade lernt sie", dann wäre niemand verkehrt. Nicht der Vater, dem gesunde Ernährung wichtig ist, und auch nicht die Tochter, die etwas anderes will. Sie hätten einfach nur unterschiedliche Vorstellungen, und der Vater würde entscheiden, einfach weil er als Erwachsener den Überblick und die Vorausschau hat und deshalb manches bestimmt.

Soweit die Theorie. Natürlich haben wir nicht immer hintereinander, was wir selbst wollen, haben auch schon mal kein Interesse am Standpunkt des anderen und übernehmen manchmal keine Verantwortung. So ist es. Dann bleibt nur, dass wir auch ein bisschen nett mit uns selbst sind. Wir sind Lernende, und das ist das Wichtigste!

Ach ja, das Karussell: Ich habe die Dreijährige nach fünf Runden aus dem Karussell getragen. Es hat nach Kindesentführung geklungen, und als sie sich wieder etwas beruhigt hatte, hat sie gesagt: „Alle Kinder fahren, ich will auch." Ja, dann ist ja klar, warum sie so empört war.

Persönliche Verantwortung: ins Tun kommen

Viele Eltern wollen sehr gerne ein gleichwürdiges Miteinander leben und stellen im Alltag oft fest: Das ist nicht so einfach, denn die alten Muster sitzen zuweilen tief. Handlungsleitend ist ja nicht unser Verstand, dann wäre es einfach. Wir nähmen uns einfach vor, beim nächsten Mal alle zu hören und ernst zu nehmen und dann träfen wir eine gute Entscheidung im Sinne aller Familienmitglieder. Doch so funktioniert unser Gehirn nun mal nicht. Unser Verstand kann zwar all das begreifen, doch für die Umsetzung brauchen wir die mittlere limbische Ebene unseres Gehirns, und die ist unbewusst. Sie ist für die Verhaltenssteuerung ganz entscheidend, und nicht etwa, wie wir gerne glauben, der Verstand. Auf dieser limbischen Ebene werden Erfahrungen gespeichert und mit den dabei empfundenen Gefühlen fest verknüpft. Sie ist kaum durch Erkenntnis beeinflussbar, sondern vor allem durch Erfahrung. Kurz: Wenn wir unser Verhalten ändern wollen, müssen wir ins Tun kommen und Erfahrungen machen. Um ins Tun zu kommen, halte ich es für eine gute Idee, unsere persönliche Verantwortung dafür auszuwählen, denn sie ermöglicht es uns gleichzeitig, gut für uns selbst zu sorgen, um auch genügend Energie für diese Entwicklung zu haben.

Soziale Verantwortung

Fangen wir mal bei der sozialen Verantwortung an, denn die beherrschen wir schon perfekt. Das ist die Verantwortung, die wir gegenüber unserer Familie, unseren Freunden, Kollegen oder der Gesellschaft haben. Sie ist wichtig, ohne sie wäre ein Zusammenleben nicht möglich. Wenn ich parke, achte ich darauf, dass ich nicht mehr Raum als nötig beanspruche, ich helfe Freunden beim Umzug, mache in der Familie die Wäsche und den Einkauf und fühle mich auch dafür verantwortlich, dass meine Kinder gesund aufwachsen. Ich übernehme Verantwortung für das Zusammenleben mit anderen. Die soziale Verantwortung beherrschen wir gut, denn das war bei den meisten von uns das wichtigste Erziehungsziel: sich gut in eine Gemeinschaft einfügen zu können.

Auch heute ist es oft noch so, dass soziale Verantwortung über allem steht. In einem Schulprogramm heißt es 2019: „Langsam, leise, rücksichtsvoll – unsre Schule, die ist toll." Nicht die soziale Verantwortung ist das Problem, sondern wenn sie zu Lasten der persönlichen Verantwortung geht. Wenn man zum Beispiel daran denkt, dass ein Kind ausgegrenzt wird, dann wäre es keine gute Strategie, leise und rücksichtsvoll zu sein. Dabei muss man Kinder nicht zu sozialer Verantwortung erziehen, das bekommt man gratis. Kindern, denen es gut geht, die alles für ihre Entwicklung bekommen, was sie brauchen, entwickeln sich automatisch zu sehr sozialen Menschen, das kann man gar nicht verhindern. Der Mensch ist so gemacht, er ist ein Gemeinschaftswesen.

Diese ganzen Sozialregeln, die in Schulen hängen, sind verletzend. „Wir tun einander nicht weh", hängt zum Beispiel in einem Klassenzimmer. Ein Kind darüber zu belehren, ist verletzend, denn das sendet auch die Botschaft: „Ich muss dir sagen, wie sich ein anständiger Mensch verhält, sonst wüsstest du es nicht." Doch das weiß ja bereits ein vierjähriges Kind, und es versucht, so schnell wie es ihm möglich ist, je nachdem, was es eben mitbekommen hat, sich daran zu halten.

Alle Menschen wollen sehr gerne etwas zu der Gemeinschaft beitragen, in der sie leben, und wir wollen diese Gemeinschaft auf keinen Fall belasten. Niemand fühlt sich wohl, wenn er nur nimmt, das geht gegen die eigene Würde. Für Menschen, die zum Beispiel aufgrund ihres Alters auf Hilfe angewiesen sind, ist es oft sehr belastend, „bedient" zu werden. Eine Freundin besuchte mich mit ihrer Familie eine Woche lang. Am dritten Tag sagte sie: „Es würde mir wirklich gut tun, wenn ich die Wäsche aufhängen könnte." Jeder will Teil der Gemeinschaft sein und auch etwas dazu beitragen. Um soziale Verantwortung müssen wir uns also nicht kümmern, die entwickeln unsere Kinder automatisch, wenn wir ihre Integrität achten und sie ihre persönliche Verantwortung leben dürfen.

Persönliche Verantwortung

Die persönliche Verantwortung ist die Verantwortung, die wir gegenüber uns selbst haben, gegenüber unserem eigenen Leben, unserer Integrität, unseren

Wünschen und Bedürfnissen und Vorstellungen. Die zu übernehmen, fällt vielen schwer, denn häufig war es nicht erwünscht, wenn wir gut für uns selbst sorgten. Es galt als unhöflich, zu sagen, was man will. Und manchmal war es auch verboten.

Bier kaufen

Als ich sechs Jahre alt war, haben mich meine Eltern mit meiner vier Jahre älteren Schwester bei unserem Onkel gelassen, sind dann alleine weitergefahren und haben andere Verwandte besucht. Dieser Onkel wollte, dass meine Schwester und ich mit dem Bollerwagen an der Tankstelle Bier kaufen. Meine Schwester hatte schon das Geld in der Hand, doch ich habe gesagt: „Nein, ich bin ein Kind, und Kinder kaufen kein Bier." Wir mussten den restlichen Tag vor dem Haus sitzen und warten, aber ich habe mich gut gefühlt, sehr zufrieden mit mir und meiner Entscheidung. Ich wartete auf meine Eltern, davon überzeugt, sie wären stolz auf mich. Aber das waren sie nicht: „Mit dir muss man sich ja schämen", war alles, was sie dazu sagten.

Der Ausflug

Wir haben in den siebziger Jahren mit der Familie einen Ausflug in den Holiday-Park gemacht. Da gab es Zirkuswagen, einseitig verglast, sodass man kleinwüchsige Menschen ähnlich wie in einem Zoo anschauen konnte, mit kleinen Bettchen und Tischchen. Ich habe mich geweigert, mir das anzuschauen, weil ich das so furchtbar fand. Der Kommentar meines Vaters war: „Da macht man einen Ausflug, und Madame ist nur am Meckern."

Persönliche Verantwortung zu übernehmen, bedeutete für mich, dafür beschämt zu werden. Weil es vielen Menschen dieser Generation nicht erlaubt war, gut für sich zu sorgen, fällt es vielen Menschen heute schwer. Und wenn sie es versuchen, kommt es manchmal nur schroff daher und begleitet von einem schlechten Gewissen, weil wir zwar wissen, dass wir gut für uns sorgen dürfen, aber diese Erlaubnis nicht fühlen.

Gerade heute ist persönliche Verantwortung sehr wichtig, weil der Wertekonsens in unserer Gesellschaft zerbröckelt. Alleine schon die Frage, wie man sich in der Bahn verhalten sollte, wird sehr unterschiedlich beantwortet. Lautes Telefonieren, Schuhe auf dem Sitz oder klebrige Kinderfinger auf der Scheibe: Das machte man früher nicht, doch heute gibt es eine solche allgemeingültige Vorstellung nicht mehr. Es ist „lockerer" geworden. Das kann man gut oder schlecht finden, doch entscheidend ist dabei die Frage: Wie will ich mit dieser Tatsache umgehen? Wenn ich mich nicht selbst für meine Belange einsetze, drohe ich, unterzugehen. Ich muss selbst aktiv werden und sagen, was ich will, und vielleicht kann ich es sogar haben. Ich muss für mein Wohlergehen selbst sorgen.

Die Handwerker

Wir hatten Handwerker im Haus, und ich wollte ihnen gerade Kaffee und Kekse anbieten, da sah ich, dass sie bereits in ihrem Wagen Pause machten. Rund um das Auto lag Müll verstreut, den sie aus dem Fenster ge-

*schmissen hatten. „Das kann man doch nicht machen!",
war mein erster Gedanke. Doch, das konnten sie, haben
sie sogar getan. Da hilft es nur, persönliche Verantwortung zu übernehmen und zu sagen, was man haben will.
„Wollt ihr noch einen Kaffee?" „Ja, Kaffee geht immer."
„Prima. Wenn ihr hier fertig seid, hätte ich gerne, dass
ihr euren Müll wieder einsammelt. Geht das?" Der eine
schaut aus dem Fenster und sagt: „Das Snickers ist nicht
von uns." „Ja, das könnt ihr ja liegen lassen." „Alles
klar." „Danke."*

Wenn Jugendliche, die ich noch nicht kenne,
durchs Haus laufen, ohne Hallo zu sagen, dann bringt
es nichts, zu denken: „Wer hat die denn erzogen?"
Hilfreicher für mich ist, den Kontakt anzubieten, den
ich gerne hätte: „Hi, ich heiße Nicole. Wer bist du?"

Jesper Juul hat das mit einem Satz auf den Punkt
gebracht: „Entweder ich übernehme die Verantwortung für meine Grenzen, Bedürfnisse, Wünsche (...),
oder ich bin das Opfer, und der andere ist schuld." Ich
muss sagen, was ich will, was ich brauche, was bei mir
geht und was nicht, sonst geht es mir nicht gut – und
den anderen, die mit mir leben, auch nicht. Ich kenne
eine Lehrerin, der das wunderbar gelingt, ich schaue
ihr so gerne beim Arbeiten zu:

Heidelberger Zoo

*Eine Lehrerin stellt einen Ausflug in den Heidelber-
ger Zoo vor. Eine Mutter fragt: „Können wir nicht in den
Frankfurter Zoo fahren, denn die Führung in Heidelberg
hatten wir schon." Die Lehrerin fragt, ob die Führung*

nicht gut gewesen sei und die Mutter sagt, doch, sehr gut, nur die hätte ihr Sohn ja schon gesehen. Daraufhin sagt die Lehrerin: „Ah, das ist natürlich schade für ihren Sohn. Ich will es jedoch nicht umplanen, das wäre mir zu viel Aufwand."

Es war spürbar, dass sie die positive Intention der Mutter, etwas Gutes für ihren Sohn zu erreichen, anerkannt und die Mutter nicht dafür verurteilt hat, gefragt zu haben. Gleichzeitig hat sie ihre eigene Grenze deutlich gemacht und gut für sich selbst gesorgt. So entspannt, wie sie das gemacht hat, war es ihr vermutlich als Kind erlaubt gewesen, ihre Grenzen zu zeigen.

Der geschälte Apfel

Die Tochter, neun Jahre alt, fragt auf einem Picknick-Platz ihre Mutter, ob sie ihr einen Apfel schälen kann. Die Mutter sagt: „Ich habe noch nicht mal gefrühstückt, und du willst einen geschälten Apfel. Den kannst du doch selbst schälen, ich muss ja nicht immer alles für dich machen."

Diese Mutter übernimmt keine Verantwortung für ihre eigenen Bedürfnisse, sondern macht ihre Tochter verkehrt, die lediglich einen Wunsch geäußert hatte. Wünsche zu äußern, so lernt es die Tochter, kann bedeuten, beschämt zu werden. Wenn wir keine Verantwortung für uns übernehmen, dann führt das dazu, dass andere sich schuldig fühlen, wie die Tochter in diesem Beispiel, die beschämt auf den Boden schaute. Die meisten Erwachsenen brauchen, um persönliche Verantwortung zu übernehmen, Bewusstsein und

Übung, um diese uns angeborene Fähigkeit wieder zu aktivieren.

Schon ungeborene Kinder übernehmen persönliche Verantwortung. So steuern sie, wie viel und welche Nahrung sie über die Nabelschnur aufnehmen. Ebenso machen sie sich bemerkbar, wenn ihnen Musik oder das Wasser, das beim Duschen auf den Bauch prasselt, zu laut sind. Wenn sie geboren sind, können sie für vieles die Verantwortung übernehmen, wie für ihr Schlafbedürfnis, ihren Geschmack oder ihr Wärmebedürfnis, ebenso für ihr Kontaktbedürfnis: Wenn ich mit einem Baby rede und es dreht den Kopf ganz leicht aus der Kommunikationsachse, bedeutet das: „Ich brauche jetzt eine Pause, mein Erlebnisspeicher ist voll." Sie können ihre Grenzen zeigen, wir müssen aber bereit und in der Lage sein, die angezeigten Grenzen zu sehen und zu wahren. Würde ich weiter mit dem Baby reden, würde es vermutlich anfangen, zu weinen, es könnte seine Grenze nicht alleine wahren. Wenn Kinder zwei Jahre alt sind, fordern sie in vielen Bereichen die persönliche Verantwortung, die wir Eltern leihweise übernommen hatten, zurück. Sie machen deutlich, jetzt alleine darüber bestimmen zu wollen, was sie zum Beispiel anziehen wollen, oder sie wollen ihr Essen alleine essen. Kinder spüren genau, ob Eltern diese Entwicklung willkommen heißen: Freuen sich meine Eltern, wenn ich es versuche, heißen sie es willkommen, oder bin ich dann eine Belastung, weil ich es noch nicht schneller kann oder weil ich es verkehrt mache und die Schuhe „verkehrt" anziehe oder kleckere?

Die Zahnhexe

Im Kindergarten war eine Gruppe von fünf- und sechsjährigen Jungs während des Besuchs der Zahnhexe nicht bereit, zuzuhören, und sie warfen mit Sachen. Die Erzieherinnen ermahnten sie. Schließlich mussten sie den Raum verlassen und auf einer Bank davor warten, bis die Zahnhexe fertig war.

Dieser, wie die Erzieherinnen es nannten, „Quatsch" war vermutlich der Versuch der Kinder, persönliche Verantwortung zu übernehmen. Kinder in diesem Alter sagen meist mit ihrem Verhalten, was bei ihnen los ist. Übersetzt könnte die Botschaft gelautet haben: „Ich habe das schon im ersten Kindergartenjahr gehört und auch im zweiten. Es ist langweilig, hier lerne ich nichts Neues. Mein Bedürfnis nach Wachstum und Entwicklung ist nicht erfüllt, ich verschwende hier kostbare Lebenszeit." Wenn die Pädagogen verstanden hätten, dass dieses Verhalten einfach nur das gesunde Bestreben war, gut für sich und die eigene Entwicklung zu sorgen, wäre ein Miteinander möglich gewesen. Für mich ist es wichtig, die Botschaft hinter einem Verhalten anzuerkennen und den Versuch zu wagen, diese Botschaft zu verstehen und das eigene Verhalten darauf abzustimmen. Doch meistens wird von den Kindern erwartet, dass sie ihr Verhalten anpassen.

Wenn Kinder persönliche Verantwortung übernehmen wollen, kann das auch so klingen: „Immer bestimmst du über mich. Du bist aber nicht mein Bestimmer." Ich finde es sehr lohnenswert, mit dem

Kind in einen Dialog darüber zu gehen, was es denn gerne alles selbst bestimmen möchte.

Angenommen, mein sechsjähriges Kind will selbst darüber bestimmen, wann es ins Bett geht. Es hat also den Gedanken, das alleine schaffen zu können. Jetzt gibt es zwei Möglichkeiten: Entweder ich will diese Verantwortung schon abgeben, oder ich will sie weiterhin leihweise haben, weil ich denke, mein Kind kann das noch nicht alleine schaffen.

Wenn ich denke, hier kann mein Kind zukünftig selbst verantwortlich sein, dann bedeutet es ja nicht, dass ich es alleine lasse. Ich begleite es dabei, alle Kompetenzen zu entwickeln, die es dabei braucht: Wir reden darüber, wie es sich anfühlt müde oder ausgeschlafen zu sein, woran ich persönlich merke, was mein Körper braucht, und woran das Kind es merkt, wir reden darüber, wozu der Körper Schlaf braucht und so weiter. Das ist kein Vortrag über „gesundes Schlafen", es ist gedacht als ein Gedankenaustausch zum Thema „Schlafen". Wenn das Kind dann durch Erfahrungen sich selbst kennenlernt, bleiben wir im Kontakt, nicht um es zu belehren, sondern um als Gesprächspartner da zu sein.

Dabei ist es sehr wichtig, die vom Kind gemachten Erfahrungen nicht abzuwerten mit Worten wie „Siehst du, jetzt bist du müde. Du musst früher ins Bett." Hilfreicher sind Interesse für seine Erlebniswelt und das Zutrauen in die Fähigkeit des Kindes, aus seinen Erfahrungen zu lernen. Kinder werden nur dann persönliche Verantwortung entwickeln, wenn Eltern bereit sind, sie diese Verantwortung auch tragen zu lassen, das bedeutet auch, dass sie Erfahrungen machen dürfen, die sich als ungünstig erweisen. Das ist der Preis des Lernens.

Es gibt auch Bereiche, bei denen ich die Verantwortung als „Treuhänder" der persönlichen Verantwortung des Kindes weiterhin behalten möchte, zum Beispiel wenn mein neunjähriges Kind die Verantwortung für seinen Medienkonsum übernehmen will. Medien wirken auf das Belohnungssystem im Gehirn. Um hier eine ausreichende Selbststeuerung zu haben, braucht es eine gewisse Hirnreife, die im Alter von neun Jahren nicht gegeben ist. Ich würde ihm auch kein Bier hinstellen und sagen: „Später musst du auch mit Alkohol zurechtkommen, kannst schon mal üben." Hier bestimme ich weiter den Inhalt und die Dauer der Mediennutzung und nehme die Frustration des Kindes an. Das bedeutet nicht, dass ich kategorisch nein sage. Natürlich interessiere ich mich für die Ansichten des Kindes und schaue, wo Einbeziehung möglich ist, zum Beispiel bei der Zeiteinteilung. Die generelle Verantwortung für den Medienkonsum bleibt jedoch bei mir.

Damit Kinder wie Erwachsene persönliche Verantwortung entwickeln können, muss sie in der Familie erlaubt sein.

Das Pferdchen

Ein vierjähriger Sohn reitet auf dem Rücken des Vaters, der ein schmerzverzerrtes Gesicht macht. Die

Nachbarin sieht es und sagt: „Scheint so, als ob es für dich schmerzhaft ist." Noch bevor der Vater etwas sagen kann, sagt die Mutter: „Aber schau dir das Gesicht vom Basti an, der hat so viel Spaß dabei." Der Vater sagt: „Was will man machen, wenn man ein guter Papa sein will?"

Um die Freude seines Sohnes nicht einzuschränken, hält er sogar Schmerzen aus. Er gesteht sich selbst nicht zu, gut für sich zu sorgen.

Die alte Maus

Eine Wüstenrennmaus überlebte ihre Mäusegruppe um ein ganzes Jahr. Der dreizehnjährige Mäusebesitzer sagte: „Ich habe keine richtige Lust mehr, mich um die Maus zu kümmern. Ich dachte nicht, dass sie so lange lebt."

Darf er sagen: Die Verantwortung für diese Maus ist mir zu viel geworden? Oder ist er dann ein Unmensch? „Du wolltest die Mäuse, und jetzt musst du dich auch darum kümmern." Das heißt übersetzt: Was bist du nur für ein verantwortungsloses Kind! Dass er sich nicht mehr darum kümmern wollte, hörte seine jüngere Schwester, und sie war begeistert: „Dann nehme ich sie", glücklich darüber, endlich auch ein Haustier zu haben. Das war eine echte Win-win-Situation, auch für die Maus, die noch ein wirklich tolles Leben führte in größter Fürsorge.

Die Eisschokolade

Ein Vater bestellte sich im Eiscafé eine Eisschokolade. Sein fünfjähriger Sohn wollte davon probieren, doch der Vater wollte das nicht, vielleicht auch, weil der Sohn eine grüne Rotznase hatte. Deshalb sagte der Vater: „Nein, ich will die alleine trinken." Daraufhin sagte die Mutter: „Jetzt lass ihn doch mal probieren." Mit den Worten „Na gut", schob er seinem Sohn das Glas hin.

Ich hatte den Eindruck, dass der Vater lieber eine verrotzte Eisschokolade in Kauf nahm, als in den Augen seiner Partnerin ein schlechter Vater zu sein. Wenn man dafür verkehrt gemacht wird, wenn man gut für sich sorgt, ist es viel schwerer, persönliche Verantwortung zu übernehmen. Niemand darf Angst haben, zu sagen, was er auf dem Herzen hat, wie es ihm geht, was er will und was nicht. Wenn wir dafür als egoistisch, unsozial oder lieblos gelten, dann ist es fast unmöglich, die Verantwortung für die eigenen Belange zu übernehmen, denn wir alle haben das tiefe Bedürfnis, uns wertvoll zu fühlen für andere.

Gleichzeitig wollen wir auch, dass es uns selbst gut geht. Das erzeugt einen inneren Konflikt: Wann sage ich ja zu mir, wann ja zum anderen? Einerseits haben wir das Bedürfnis, uns nach unseren eigenen Vorstellungen zu entwickeln, wir wollen gut für uns und unsere eigenen Bedürfnisse, Wünsche, Vorstellungen sorgen. Andererseits haben wir auch den Drang, mit den Menschen, die uns am meisten bedeuten, zu kooperieren und uns anzupassen, um einen Platz in dieser Gemeinschaft zu haben. Dafür müssen wir teilweise auf das verzichten, was uns wichtig ist. Schon alleine, wenn wir einen gemeinsamen Ausflug machen wollen: Der eine will früh los, der andere ausschlafen, Natur oder Kultur, Samstag oder Sonntag – wenn jeder sein Optimum wählt, geht jeder alleine.

Wann sage ich also ja zu mir und meinen Wünschen und Bedürfnissen – und wann sage ich ja zum anderen? Wenn wir immer machen, was für uns gut ist, haben wir bald keine Gemeinschaft mehr, wenn wir immer nur tun, was gut für die Gemeinschaft ist, dann geht es uns bald schlecht. Innerhalb dieses Konfliktes müssen wir unser eigenes individuelles Gleichgewicht finden, viele Male am Tag.

Liest du mir vor?

Der Sechsjährige fragt seinen Vater, der gerade nach einem langen Tag nach Hause gekommen ist: „Liest du mir noch was vor?" Einerseits will der Vater Zeit für sich haben, zur freien Verfügung, weil er den ganzen Tag „funktioniert" hat. Andererseits hat er seinen Sohn heute noch nicht gesehen und will natürlich Zeit mit ihm verbringen.

Um ein echtes Miteinander zu gestalten, ist es nicht so wichtig, ob der Vater vorliest oder nicht. Viel wichtiger ist, wie es allen Beteiligten damit geht. Wie geht es dem Vater? Kann er für sich herausfinden, was er will? Oder entscheidet sein schlechtes Gewissen für ihn, weil er sich sonst für einen schlechten Vater hält? Oder weil ihn dann seine Partnerin für einen schlechten Vater hält? Angenommen, der Vater sagt:

„Ich will nicht vorlesen, ich brauche eine Pause und will alleine sein." Gesteht er sich selbst das zu, wird ihm das von seiner Partnerin zugestanden?

Wie geht es dem Sohn? Er möchte vorgelesen bekommen. Was jedoch noch wichtiger für ihn ist: Er hat das Bedürfnis nach echtem Kontakt zu seinem Vater. Angenommen, der Vater sagt ja, obwohl er nicht will, dann wird zwar der Wunsch des Kindes nach Vorlesen erfüllt, aber es bekommt nicht den Kontakt, den es braucht. Kontakt würde nämlich bedeuten, dass der Sohn den Vater spüren kann, wie es ihm geht, was gerade in ihm los ist. Doch wenn der Vater sich „verstellt", steht er nicht da, wo er nach der Wahrnehmung seines Sohnes stehen sollte, und der Sohn ist irritiert. Diese doppelte Botschaft (der Vater liest vor, aber irgendwie ist er nicht richtig dabei), behindert einen guten Kontakt. Nur durch echten Kontakt entsteht eine warme Beziehung, in der beide spüren können, wertvoll füreinander zu sein.

Wenn es um unsere Kinder oder um unseren Partner geht, neigen wir besonders dazu, mehr zu geben, als gut für uns ist. Deshalb finde ich es wichtig, dass wir uns gegenseitig helfen, nein zu sagen, gerade wenn wir merken, dass der andere nicht wirklich ja sagt. Kinder sind besonders gefährdet, zu viel von ihrer Integrität zu opfern, denn sie sind in jeder Hinsicht von uns abhängig. Ein Zweijähriger könnte kaum einen halben Tag ohne uns überleben, und deshalb ist es für Kinder so wichtig, dass es uns gut geht. Unser Überleben ist ihre Überlebenssicherung, weshalb ihre eigene Integrität unserem Wohl untergeordnet ist.

Deshalb ist es so wichtig, dass die Beziehung, die wir zu unseren Kindern haben, niemals, niemals in Frage steht, nur dann können sie gut für sich und ihre eigene Integrität sorgen. Wie schaue ich meine Tochter an, wenn sie nicht Haare waschen will? Darf sie nein sagen, oder wird die Beziehung dann ein wenig kühler? Ist sie mir genauso willkommen, wenn sie nicht aufräumt, oder ist der Blick, wie ich sie anschaue, dann frostiger? Wenn wir bei „Ungehorsam" kühler werden, ist das ein Großalarm für Kinder, und sie opfern dann ihre eigene Integrität, oder sie beginnen, darum zu kämpfen.

Wie sieht das aus, Kindern zu helfen, nein zu sagen?

Haare waschen

Eine Mutter sagt zu ihrer siebenjährigen Tochter: „Ich will, dass du deine Haare wäschst." „Mach ich aber nicht." „Okay." Wütend stapft die Tochter durchs Haus, und die Mutter fragt: „Warum bist du wütend?" „Weil du willst ja, dass ich Haare wasche, aber ich will das nicht." „Und jetzt musst du entscheiden, was du machst. Das, was ich will, oder das, was du willst." „Ja, und wenn ich sie nicht wasche, dann bist du ja nicht zufrieden." „Das stimmt. Also musst du entscheiden, ob du es dir recht machst oder mir." Die Mutter umarmt ihre Tochter. „Ja, das ist nicht so einfach. Egal, wie du dich entscheidest, ich hab dich lieb!"

Die Spülmaschine

Ich sage zu meinen zehnjährigen Sohn: „Kannst du bitte die Spülmaschine ausräumen?" Mit hängenden Schultern sagt er ja. Ich frage ihn: „Weißt du, was das Wichtigste ist, was Jungs lernen müssen?" „Spülmaschine ausräumen?" „Nee, sie müssen lernen, nein zu ihrer Mutter zu sagen und sich dabei gut zu fühlen. Also noch mal: Kannst du bitte die Spülmaschine ausräumen?" „Nein?" „Genau. Weißt du, für mich ist es schön, wenn du die Spülmaschine ausräumst, aber was für mich viel wichtiger ist: Dass es dir gut geht. Und ich habe manchmal das Gefühl, dass du mehr ja sagst, als gut für dich ist."

Wenn ich dieses Beispiel erzähle, kommt oft die Sorge bei Eltern hoch, dass Kinder ja dann vielleicht gar nichts mehr machen. Doch so sind Menschen, also auch Kinder, ja nicht. Hier brauchen wir einfach noch etwas Übung bei dem Vertrauen in die Kinder: dass sie sehr gerne mitmachen wollen, dass sie sich wertvoll fühlen wollen und ein wertvoller Teil der Familie sein wollen. Ein Vater sagte dazu: „Meiner Tochter (zwölf) ist das egal, die macht absolut nichts, wenn man sie nicht dazu nötigt." Und hier wird es ja interessant. Denn wenn ich davon ausgehe, dass Menschen allen Alters sich wertvoll für die Gemeinschaft fühlen wollen, dann ist es aus meiner Sicht eine wichtige Frage: Wieso verhält sie sich so? Denn eins ist sicher: Sie hat einen wichtigen Grund dafür. Einer von tausenden möglichen Gründen könnte sein, dass sie geben muss („Es ist deine Pflicht, das zu tun. Du musst auch etwas dazu beitragen, dass es hier läuft. Das ist ja kein Hotel."), und dann ist es nicht länger ein wertvolles Geschenk, das sie der Gemeinschaft geben kann. Wieso sollte sie etwas verschenken, wenn es als Geschenk nicht anerkannt ist? Es ist ein wenig so, wie wenn ich auf einer Party eingeladen bin und für meine Freundin einen Salat mitbringe, damit sie nicht die ganze Arbeit alleine machen muss. Sie öffnet mir die Türe und sagt: "Das ist ja auch das Mindeste, dass du was mitbringst, schließlich willst du hier ja auch mitessen."

Der Verband

Als meine Tochter sechs Jahre alt war, verband sie ihre Kuscheltiere, denn alle waren schrecklich krank. Dazu benutzte sie sehr viel Verband, für jedes Tier einen neuen, denn Ärzte nehmen ja keine gebrauchten, das wäre ja ekelhaft. Ich habe zu ihr gesagt: „Ich will nicht, dass du in den Keller gehst und noch mehr Verband holst." Zwei Minuten später stand sie vor mir, ein Verbandspäckchen in der Hand und sagte: „Ich weiß, dass du es nicht willst, aber ich habe es trotzdem getan." Mit diesen Worten ging sie von dannen und wandte sich wieder den Schwerverletzten zu.

Ich freute mich darüber, doch meine Freundin, die diese Situation miterlebt hatte, war sehr irritiert über diese Freude. „Die kann ja machen, was sie will." „Ja, klar. Ich mache auch, was ich will." „Aber sie nimmt dich ja gar nicht ernst." „Doch, tut sie, und sich selbst eben auch. Und gerade hat sie entschieden, dass es ihr so wichtig ist, ja zu sich und ihren Vorstellungen zu sagen – was bedeutet, dass sie nein zu meinen Vorstelllungen

sagt." „Und du hast keine Angst, dass sie das ausnutzt?"
„Soll ich ein bisschen darüber erzählen, wie ich es sehe?"

Für mich ist es so: Wenn sie in vier Jahren in die weiterführende Schule kommt, wird es so sein, dass es auf dem Pausenhof jede Menge Handys geben wird. Und die Kinder schauen sich dort jede Menge verstörendes Zeug an. Dann will ich, dass sie gelernt hat, nein zu sagen und gut für sich zu sorgen. Und das kann sie am besten mit uns Eltern lernen. Wenn sie es schafft, zu uns nein zu sagen, schafft sie es auch bei anderen. (Und wir sind nicht bankrottgegangen, weil wir sämtliches Geld für neue Verbände ausgegeben haben.)

Um ein gutes Gleichgewicht zu finden zwischen unseren eigenen Wünschen und Bedürfnissen und denen der anderen, trägt jeder Mensch einen Kompass in sich, den nur er selbst ablesen kann. Dieser Kompass hilft uns beim Navigieren in diesem inneren Konflikt: Wann sage ich ja zu mir, wann ja zum anderen? Wichtig ist es, Kinder zu begleiten, ihren inneren Kompass abzulesen, denn jeder kann nur seinen eigenen Kompass ablesen. Oft denken wir, wir könnten auch den unserer Kinder ablesen, doch das stimmt nicht. Niemand kennt dich so gut wie du selbst. Nur du kannst wissen, was du brauchst und was dir gut tut. Das ist auch bei Kindern so.

Wenn ein Kind morgens sagt: „Mir geht es nicht gut, ich kann nicht zur Schule gehen", dann legen Eltern oft die Hand auf die Stirn und schauen das Kind genau an, um diese Aussage zu überprüfen. Doch woher will ich wissen, wie es meinem Kind wirklich geht? Es ist eine völlige Illusion, zu glauben, man könnte das für einen anderen Menschen einschätzen. Es gibt auch Gründe, die ich nicht wie Fieber „messen" kann, die dennoch ernst genommen gehören, wie zum Beispiel Erschöpfung. Es ist wichtig, zu fragen: Was erschöpft dich? Was brauchst du? Was kannst du, was können wir verändern? Für mich ist es eine der wichtigsten Aufgaben von Eltern und Pädagogen, Kinder zu begleiten, ihren eigenen Kompass abzulesen und sie zu begleiten, angemessen darauf zu reagieren, damit sie gute Entscheidungen für sich selbst treffen können. Wenn ich die Wahrnehmung des Kindes ernst nehme, lernt es, sich selbst ernst zu nehmen und für sich selbst die Verantwortung zu übernehmen.

Auch bei unserem Partner ist es wichtig, ihm zu helfen, ein gutes Gleichgewicht zwischen sich und der Gemeinschaft zu finden.

Joggen

Eine Familie hat drei junge Kinder, und es ist immer viel zu tun. Sie fragt ihren Mann: „Gehst du nachher noch joggen?" Er antwortet, etwas zögerlich: „Nee, ich war ja gestern schon." „Willst du nicht joggen gehen, oder meinst du, du mutest mir damit zu viel zu?" „Du willst ja auch mal frei haben, oder?" „Ja, aber für mich ist es okay, wenn du nachher joggen gehst."

Ein offener Deal wäre auch eine gute Möglichkeit. Sie könnten vereinbaren, dass jeder am Tag eine

Stunde frei hat, ohne Verantwortung für die Kinder. Wichtig ist, dass beide wissen, es ist ein Deal. Denn wenn ich mit dem Gedanken gebe: „Dann habe ich auch mal was gut bei dir", ohne dass der andere davon weiß, also wenn ich eine geheime Strichliste führe, dann wird es schnell ungemütlich.

Manchmal geben wir mehr, als gut für uns ist. In dem Versuch, ein gutes Gleichgewicht zu finden, werden wir uns auch falsch entscheiden.

48 Stunden frei

Sie fragt ihren Mann: „Was machen wir am Wochenende?" „Ich will am liebsten 48 Stunden frei haben. Ich bin total durch." Sie entscheidet, ihrem Mann diese Auszeit zu gönnen und fährt über das Wochenende mit den Kindern zu ihrer Mutter. Abends ruft ihr Mann an und will etwas plaudern. Sie ist genervt, denn schließlich wisse er ja, dass die Kinder um diese Zeit ins Bett gingen. Durch ihre Gereiztheit fällt ihr auf, dass sie mit ihrer Entscheidung mehr gegeben hat, als gut für sie war.

Dann bleibt nur, die Verantwortung dafür zu übernehmen. Üblicher ist es, dem anderen die Schuld zuzuschieben. „Wieso rufst du denn jetzt an? Du weißt doch, dass ich die Kinder um diese Zeit ins Bett bringe. Du hast doch den ganzen Tag Zeit gehabt ..." Die Verantwortung zu übernehmen, könnte so klingen: „Ich merke, dass ich mich falsch entschieden habe für dieses Wochenende, denn ich bin gereizt, obwohl du nur nett mit mir plaudern wolltest. Tut mir leid, dass ich dich so angefahren habe." Aber hätte der Mann nicht auch zu einem geeigneteren Zeitpunkt anrufen können? Ja, sicher, doch er ist ja kein Verbrecher, wenn er anruft.

Jeder ist verantwortlich für seine eigenen Grenzen, Bedürfnisse und Wünsche. Aber was ist, wenn eine Mutter angestrengt ist, weil das dreijährige Kind abends noch fröhlich tobt, und sie den Vater bittet, die Tochter ins Bett zu bringen, doch der sagt lediglich: „Es ist deine Grenze, ich bin zufrieden, darum musst du dich kümmern, wenn es dich stört." Wenn ich so agiere, nehme ich den anderen nicht ernst und lasse ihn alleine – das Gegenteil von Beziehung.

Wenn wir mehr übernommen haben, als gut für uns ist, klingt es auch manchmal so:

Die Putzfrau

Die zwei Kinder, acht und zehn Jahre alt, haben viel Spaß beim gemeinsamen Toben. Sie werfen Kissen herum und dekorieren das Wohnzimmer etwas um. Die Mutter hat dagegen noch eine ganze Liste von Dingen im Kopf, die sie erledigen will. Da ist ein unaufgeräumtes Wohnzimmer einfach zu viel. Sie schimpft über das Chaos und sagt: „Mann, ich bin doch nicht die Putzfrau hier! Ich räume die ganze Zeit auf, und ihr macht es gleich wieder unordentlich."

Sie tut vermutlich mehr, als ihr gut tut, und es liegt in ihrer Verantwortung, angemessen und erwachsen darauf zu reagieren, also ihre Warnlampe ernst zu nehmen. Erwachsensein bedeutet, sich bewusst zu sein, dass wir jederzeit Dinge verändern können. Doch das ist uns manchmal nicht bewusst, so wie bei dem Zirkuselefanten, der an einen kleinen Pflock gekettet ist. Er könnte ihn herausreißen, doch weil er bereits als kleiner Babyelefant in dieser Weise angekettet war, glaubt er auch heute noch, er könne sich nicht befreien. Wenn ich drohe, zu vergessen, dass ich ja längst erwachsen bin, also auch vollumfänglich handlungsfähig, leuchtet bei mir eine innere Lampe auf, auf der steht: „Einer muss hier erwachsen bleiben, und das bin ich."

Wenn unser Kind vor uns steht, die Lieblingspuppe unter dem Arm, und fragt: „Hefen?", dann machen wir das gerne, weil wir damit unser Bedürfnis, uns wertvoll für den anderen zu erleben, befriedigen können. Egal, ob wir Kind, Eltern oder Partner sind: Jeder will so gerne für die anderen wertvoll sein. Darin liegt die Gefahr, dass ich mehr tue und gebe, als wirklich gut für mich ist. Destruktiv wird es, wenn ich nicht die Verantwortung für mein Handeln übernehme und es dem anderen vorwerfe, wenn ich mich falsch entschieden habe, also gebe, ohne geben zu wollen. Vielleicht schnaufe ich und sage: „Mann, ich habe die doch eben gerade angezogen, warum hast du die denn wieder ausgezogen?" Ich bin ja kein Leibeigener, der tun muss, was andere von ihm verlangen. Ich bin selbst Herrin meines Tuns.

Der Turnbeutel

Eine Mutter erzählte, stolz auf ihre Tochter, folgende Geschichte: Die zwölfjährige Tochter rief ihre Mutter an und fragte, ob sie ihr den vergessenen Turnbeutel in die Schule bringen könnte, sonst müsse sie die ganze Turnstunde am Rand sitzen. Die Mutter fuhr los und brachte ihrer Tochter den Sportbeutel. Beim gemeinsamen Mittagessen lamentierte die Mutter darüber, dass sie dadurch so einen Stress hatte und dass sie es wegen dieser Extrafahrt nach ihrer Arbeit selbst nicht mehr zum Sport geschafft hatte. Die Tochter hörte sich das an und meinte: „Ja, Mama, du hättest dich auch anderes entscheiden können."

Oder wie meine Tochter sagt: Fragen kann man immer, der andere kann ja nein sagen.

Genauso wichtig ist es, auch die Verantwortung zu übernehmen, die wir Erwachsenen für die Gestaltung der Beziehung zu unseren Kindern haben.

Der Ranzen

Eine Mutter ist gerade dabei, ihre sechsjährige Tochter morgens zu verabschieden, und sie hält ihr den Helm hin. „Erst den Ranzen", sagt die Tochter in vorwurfsvollem Ton. „Ich will freundlich angesprochen werden", antwortet die Mutter freundlich, doch die Tochter hält sich die Ohren zu und sagt: „Du machst mir ja erst schlechte Laune, wenn du das sagst."

Jetzt wäre es so einfach, die Tochter verkehrt zu machen. Wenn zum Beispiel die Mutter sagen würde: „Ich habe es freundlich gesagt, und nur weil du das nicht hören willst, brauchst du dir gar nicht die Ohren zuzuhalten. Und außerdem helfe ich dir ja schon, da kannst du ruhig auch etwas nett zu mir sein." Wahrscheinlich würde die Tochter sich schlecht fühlen, denn was könnte sie, auch vor sich selbst, dagegen anbringen?

Hier wäre eine innere Lampe hilfreich, die angeht und auf der steht: „Egal, was in einem Konflikt passiert – keinen verkehrt machen." Das bedeutet auch, dass die Mutter die Tochter ernst nimmt: „Ich habe was gesagt, was für dich nicht okay war. Was war es?" In diesem Beispiel war es so, dass die Tochter schon gemerkt hatte, dass sie unfreundlich war, doch sie hatte es ja schon gesagt und konnte es nicht mehr „zurückspulen". Im gemeinsamen Gespräch nach der Schule stellte sich heraus, dass die Tochter sich diesen Ton bei ihrer Freundin „abgehört" hatte, bei der sie oft den Nachmittag verbrachte. Diese Freundin sprach in einem „meckernden Befehlston" mit ihrer Mutter, und einen solchen Ton hatte sie sich auch angewöhnt, ohne dass es ihr bewusst war. Mutter und Tochter vereinbarten ein „Geheimwort", mit dem man das Gesagte löschen und es nochmal sagen kann.

Eine Mutter sagte zu der Mutter, die dieses Beispiel erzählte: „Ich finde, man muss nicht immer diplomatisch sein. Es war nicht in Ordnung von der Tochter, und das darf man ruhig auch mal sagen." Ja, sagen darf man ja alles. Die Frage ist nur, was dabei passiert und ob das im eigenen Sinn ist. Es geht ja nicht darum, wie man es „richtig" macht, denn das gibt es sowieso nicht. Es geht darum, zu schauen: Führt mein Verhalten dazu, mein Ziel zu erreichen? Wenn mein Ziel ist, eine gute Beziehung zu meiner Tochter zu haben und sie dabei zu begleiten, ein gesundes Selbstgefühl aufzubauen, dann würde ich empfehlen, die Tochter ernst zu nehmen. Denn es ist zwar schön (für mich), wenn ich meine Tochter ernst nehme, doch die Tochter muss sich ja auch ernst genommen fühlen, sonst bringt das nichts (für die Tochter). Wenn ich also abends am Bett stehe und schaue ihr beim Schlafen zu: Konnte sie heute fühlen, dass sie mein Leben so viel schöner macht, dass ich sie liebe? Oder weiß nur ich das? Für mich ist es ja klar, doch ist es das auch für meine Tochter?

„Aber die müssen ja auch später im Leben klarkommen, und da gibt es nicht immer so viel Verständnis, da gibt es auch Regeln und Gesetze, an die sie sich halten müssen ..." Das ist eine große Sorge von Eltern, dass, wenn sie Kinder so freundlich behandeln, diese dann im rauen Klima der Wirklichkeit nicht zurechtkommen.

Natürlich kann es ein Schock sein. Meinem ältesten Sohn wurde in Kita und Grundschule sehr freundlich begegnet. Als er in die fünfte Klasse kam, kam er weinend aus der Schule und fragte: „Mama, wieso dürfen die uns so behandeln?" Er war zutiefst entsetzt über das Verhalten der Lehrenden. Doch er kannte seinen Wert genau, und er wusste, dass er ein Recht darauf hat, anständig behandelt zu werden.

Der Lehrer

Mit siebzehn Jahren kam er etwas zu spät an der Schule an und fuhr mit dem Rad über den leeren Schul-

hof, als ein Lehrer hinter ihm brüllte: „Absteigen, sofort!" Der Lehrer rannte auf ihn zu und stellte ihn wütend zur Rede. Doch er schloss sein Rad ab, ließ den Lehrer stehen und ging einfach weg. In der Pause suchte er den Lehrer auf und sagte zu ihm: „Inhaltlich hatten sie völlig recht. Es ist verboten, auch wenn der Hausmeister mit dem Mofa drüberfährt, und sie sind der Lehrer und auch dafür zuständig, das Einhalten dieser Regel einzufordern, okay. Aber wie sie mit mir gesprochen haben, so von oben herab, das war für mich nicht in Ordnung, und deshalb habe ich ihnen nicht zugehört." Der Lehrer entschuldigte sich, er sei an diesem Morgen der siebte mit Rad gewesen und deshalb wäre er so ungehalten gewesen.

Kinder lernen Grenzen wahren (unsere und ihre eigenen), wenn wir Grenzen wahren (unsere und die der Kinder). Es ist zwangsläufig so, dass wir beim Zusammenleben immer wieder Grenzen überschreiten und dass unsere Grenzen überschritten werden und dass wir Integrität verletzen und dass unsere Integrität verletzt wird. Das ist unvermeidlich beim Zusammenleben. Das ist ein lebenslanger gegenseitiger Lernprozess. Wir können uns immer besser kennenlernen und besser werden, aber wir können nicht perfekt werden.

Eine Mutter fragte, ob sie die Grenzen ihrer Kinder (vier und sieben Jahre alt) verletzt, wenn sie darüber bestimmt, wie viel Fernsehen sie schauen dürfen. Denn sie würde ja auch so viel schauen, wie sie gerne will. Ich finde die Unterscheidung zwischen Wunsch und Bedürfnis wichtig. Kinder haben zum Beispiel ein Bedürfnis nach Nahrung, aber ihren Wunsch bei McDonald's zu essen, kann ich erfüllen, muss ich aber nicht. Meine Kinder veranstalteten eine Demo in der Küche, mit echten Transparenten und Sprechchören: „Wir wolln zu McDonald's, wir wolln zu McDonald's ..." Wir gingen ab diesem Tag einmal im Monat zu McDonald's, was dazu führte, dass die Jüngste, gerade einmal eineinhalb Jahre alt, bei jedem Schild dieser Fastfoodkette begeistert ausrief: „Fanta, Pommes!" Sie hätte, hätten wir sie gelassen, sich nur noch davon ernährt.

Aber was ist, wenn Eltern bestimmen, dass ihr Kind in den Kindergarten soll, obwohl es nicht will – das ist ja eine krasse Machtanwendung. Man geht, das Kind wird gegen seinen Willen eingesperrt und muss da bleiben, auf Gedeih und Verderb, es ist der Situation absolut ausgeliefert. Verletzt das die Integrität des Kindes, wenn ich aufgrund meiner Macht beschließe: Du gehst hin? Um mich da anzunähern, schaue ich mir verschiedene Aspekte an: Ist die physische Grenze gewahrt? Heute ist das meistens der Fall, obwohl auch heute noch Kinder Essen probieren müssen oder aufessen müssen, was sie sich genommen haben. Oder wenn Kinder am Arm festgehalten werden: „Nein, wir unterhalten uns jetzt ..." Genauso wichtig ist, ob die psychische Grenze gewahrt wird. Da wird es schon unklarer. Kann das Kind sich zum Beispiel schon in einer Gruppe behaupten? Kann es also „ich" und „nein" sagen? Und falls es jünger als zwei ist und deshalb entwicklungsbedingt über diese benötigten Kompetenzen zur Abgrenzung noch nicht verfügt: Gibt es genügend Pädagogen, die diese wichtige Schutzfunktion zuverlässig übernehmen können? Steht die Bindung zur Pädagogin, und ist diese auch tatsächlich vor Ort? Ist der Umgang mit den Kindern „verletzungsarm"? Oder sind Kritik, Belehrung und Moral an der Tagesordnung? Ist dieses Kind willkommen, oder hat es den Stempel „schwieriges" Kind? So wollte ein Kind nicht in die Kita, weil es für eine volle Windel mit den Worten „Na, bist du noch ein Baby?", beschämt wurde.

Manchmal ist die Integrität gewahrt, doch dem Kind wäre es viel lieber, es könnte bei der Mutter sein. Ein Vierjähriger sagte: „Ich will nicht in den Kindergarten, weil meine Mama riecht so gut." Wunsch und Bedürfnis auseinanderzuhalten, das wird uns nicht immer gelingen. Überall wo Menschen zusammenleben, wird es zu Integritätsverletzungen kommen. Das lässt sich nicht vermeiden. Damit kommen Menschen klar. Unsere Psyche ist ja auch dazu gemacht, das zu heilen. Ähnlich wie unser Körper dafür gemacht ist, Verletzungen zu heilen, ist auch die Psyche darauf ausgelegt, sich zu heilen. Das gelingt besonders gut, wenn Kinder in liebevoll erlebten Beziehungen leben.

Bei Integritätsverletzungen ist es gut, zu schauen: Wie oft geschieht es, wie heftig sind diese Verletzungen aus Sicht des Verletzten, und wie gehen wir damit um?

Wie oft?

Es ist wichtig, sich auch die alltäglichen Verletzungen bewusst zu machen, die wir kaum bemerken, weil wir so an sie gewöhnt sind. All die Kritik und Moral in unserer Sprache zum Beispiel.

Wie heftig?

Eine Ohrfeige, das wissen wir, ist heftig, aber vieles, was nicht so heftig erscheint, ist auch heftig. So sagte ein Lehrer vor allen zu einem dreizehnjährigen Mädchen: „Ich würde, wenn ich so schwer wäre wie du, nicht so enge T-Shirts anziehen."

Wie gehen wir damit um?

Der Reim

Meine fünfjährige Tochter fragte mich, was ein Reim ist. Da ihr Bruder gerne am PC spielte und braune Locken hat, sagte ich: „Vom Zocken bekommt man braune Locken – das ist ein Reim." In seinem Gesicht sah ich, dass es für ihn nicht okay war.

Dass ich seine Grenze überschritten hatte, lag daran, dass ich sie vorher nicht kannte. Jetzt ist es eine entscheidende Frage: Wie gehe ich damit um? Ich könnte ihn verkehrt machen: „War doch nur ein Reim ... du machst doch auch Scherze, da werde ich doch auch mal ... hast du schlecht geschlafen, du bist doch sonst nicht so ... stimmt doch, du zockst doch gerne ..." Oder ich übernehme einfach die Verantwortung dafür und sage Entschuldigung. Wie sehr eine solche Verletzung schmerzt, hängt besonders auch davon ab, ob ich die Verantwortung dafür übernehme, dass ich den anderen verletzt habe. Wenn ich sie nicht übernehme, fühlen Kinder sich schuldig, und die Verletzung bleibt lange. Kinder lernen, indem sie uns in unserem Tun erleben. Es bringt nichts, zu predigen: Wenn du jemanden verletzt hast, entschuldige dich. Das wird nur was, wenn ich das selbst lebe.

Das eigene Leitbild

Welche Werte wollen wir unseren Kindern vermitteln? Und wie schaffen wir es, diese im Alltag auch zu leben?

Stell dir vor, du schaust dir beim Leben zu: Wie du mit deinen Lieben frühstückst, wie ihr euch für den Tag bereit macht, aus dem Haus geht, den Tag verbringt, bis zum Abend, wenn schließlich alle schlafen. Wenn ich mir so beim Leben zuschaue, stelle ich fest, wie viel unwichtiges Zeug mir oft den Blick auf das Wesentliche verstellt, und da ist dieser Gedanke, dass ich einmal kurz, ein paar Jahrzehnte, nicht hinschaue, weil ich zu beschäftigt bin mit Unwichtigem, und dann ist mein Leben vorüber. Es ist für die meisten Menschen nicht einfach, das ihnen wirklich Wichtige im Fokus zu behalten und das im Alltag dann auch leben zu können. In einem Alltag, der mit vielen Vorgaben daherkommt und der gespickt ist mit vielen Aufgaben, Konflikten und Frustrationen.

In all diesem Alltagsgeschehen den Überblick zu behalten, ist aus meiner Sicht leichter, wenn wir unser Ziel ganz klar vor Augen haben: Was für Eltern wollen wir sein? Wie wollen wir unsere gemeinsame Zeit gestalten? Wie wollen wir unsere Kinder begleiten? Was ist wirklich wichtig?

Für mich ist es wichtig, Kinder dabei zu begleiten, der Mensch sein zu können, der sie sein wollen. Wenn ich sie wahrnehme und ernst nehmen, lernen sie, sich selbst wahrzunehmen – und ernst zu nehmen –, und kennen ihren Wert. Sie haben sich selbst gern, einfach, weil sie der Mensch sind, der sie sind. Sie sind in sich und der Welt zu Hause, sie können sich selbst und andere genießen.

Viele Werte, die mir als Kind vermittelt wurden, waren mir dabei hinderlich (wie etwa „Irgendeiner ist immer schuld."), und einige Werte fehlten mir komplett (wie persönliche Verantwortung). Deshalb habe ich mir ein Leitbild geschaffen, das mich fokussieren und leiten soll zu dem Miteinander, das ich mir wünsche. Ich habe die Erfahrung gemacht, dass es mir persönlich sehr geholfen hat, die mir wichtigen Werte im Alltag präsent zu haben. Auch bei vielen Eltern, Fachpersonen und Institutionen erlebe ich, dass ein solches Leitbild hilft, neue Werte lebendig werden zu lassen.

Wenn du dir die deutsche 2-Euro-Münze anschaust, kannst du das Leitbild der Bundesrepublik Deutschland auf dem Rand der Münze lesen: Einigkeit und Recht und Freiheit. Ich stelle mir vor, dass ich auch so eine Münze habe, und diese virtuelle Münze trage ich im Alltag bei mir. Auf meiner Münze steht: Vertrauen – Beziehung – Entwicklung.

Vertrauen

Dieses Vertrauen meint Vertrauen in das Wesen des Menschen: Wir alle kommen in Frieden und wollen uns wertvoll für andere fühlen. Jeder Mensch tut sein Bestes. Das bedeutet auch, dass wir alle unser volles Potential entwickeln wollen, um einen sinnvollen Beitrag für die Gemeinschaft geben zu können.

Das fliegende Mäppchen

Als ich in eine vierte Klasse kam, um gemeinsam mit den Kindern eine Projektwoche zu gestalten, schmiss ein Junge sein Mäppchen aus dem Fenster und sagte: „Ist ja meins, kann ich mit machen, was ich will." Die nächsten zehn Minuten verliefen im gleichen Stil: Er biss in das Pausenbrot eines anderen Kindes, stach seinen Nachbarn mit dem Bleistift, trat einem anderen auf den Fuß … Irgendwie schaffte ich es, die anderen Kinder zu beschäftigen und sagte zu dem Jungen: „Ich brauche mal deine Hilfe." Er zeigte mir seine Muskeln und fragte: „Was soll ich schleppen?" „Nichts schleppen, ich brauche eine andere Hilfe von dir, denn so wie es jetzt ist, schaffe ich keine ganze Woche mit euch, zu viel Chaos." „Die Mädchen schwätzen auch voll viel." „Ja, die schwätzen mehr, als mir lieb ist. Aber jetzt will ich erst mal wissen, was bei dir los ist. Ich habe den Eindruck, du willst gar nicht hier sein." „Dein Projekt ist ja auch voll Baby." „Hast du es dir anders vorgestellt?" „Nein." Dann war er sehr still, so als wollte er abwägen, ob er noch einen Schritt weiter gehen kann, und dann sagte er: „Ich bin der einzige, der seine Erst- und seine Zweitwahl nicht bekommen hat. Denn niemand wollte mich haben."

Wenn wir uns leiten lassen von dem Vertrauen, dass jeder Mensch sein Bestes tut und dass wir alle ein Miteinander wollen, dann ist klar, dass ein solches Verhalten übersetzt heißt: Mir geht es nicht gut. Und wenn ich das wirklich glauben kann, dann geht es nur darum, zu schauen, wie er sich wertvoll fühlen kann. „Ich freue mich, dass du dabei bist. Und wir müssen jetzt erst mal schauen, wie wir das Projekt so machen können, dass es für dich nicht so langweilig ist. Ich habe eine Idee, willst du die mal hören?" „Ja." „Ich brauche dringend Hilfe, du siehst ja, wie chaotisch es ist. Du könntest mir helfen, das Projekt zu leiten und zum Beispiel so Sachen erledigen wie die großen Leitern zu holen, die Kabeltrommel zu organisieren und was wir sonst noch alles brauchen. Denn ich schleppe nicht so gerne, und du scheinst ja stark zu sein. Was meinst du, ist das eine gute Idee für dich?" Wir hatten dann eine sehr schöne Woche, natürlich auch mit Konflikten, doch solange dabei niemand verkehrt gemacht wird, sind es nur Konflikte. Wenn wir dieses Vertrauen haben, wird aus dem Erziehen ein Begleiten.

Die Tastatur

Als einer meiner Söhne an seinem PC spielte, wurde er so wütend, dass er dabei die Tastatur beschädigte. Er war frustriert, denn er würde über Wochen nicht genug Geld haben, um eine neue zu kaufen. Da holte meine Tochter, fünf Jahre alt, ihr Glitzerkästchen und schenkte ihm alles, was sie gespart hatte: ganze 57 Cent. Und da das nicht für eine Tastatur reichte, veranstalteten seine Geschwister eine Sammlung für ihn, jeder aus der Familie gab etwas dazu. Damit konnte er eine neue Tastatur kaufen.

Einer Freundin erzählte ich davon, und sie meinte, dann würde er doch lernen, dass er immer gleich alles ersetzt bekommt, wenn er was kaputt macht. Aber so sind Menschen ja nicht, also auch Kinder nicht. Es wäre ihm auch lieber, er könnte beherrschter PC spielen. Wir alle haben hin und wieder Schwierigkeiten, uns zu steuern. Was er jedoch lernt, ist, dass seine Familie für ihn da ist, wenn er richtig in Not ist. Er lernt, dass er nicht alleine ist, dass er sich auf uns verlassen kann. Und das ist ja ein schönes Gefühl, eine solche Familie zu haben. Es blieb die einzige Tastatur, die er beschädigt hat. Kinder brauchen Zeit und unser Zutrauen, dass sie sich so schnell, wie es ihnen möglich ist, entwickeln wollen.

Die Chemiearbeit

Ein Vierzehnjähriger weigerte sich, für das Fach Chemie zu lernen, ihn interessiere das nicht. Nach vielen Diskussionen und Streit waren die Eltern frustriert und gaben resigniert auf. Sie ließen ihn in Ruhe, doch nach der Fünf in dieser Arbeit redeten sie wieder auf ihn ein, dass es doch wichtig sei, gut in der Schule zu sein.

Als die Eltern mir davon erzählten, klang es ein wenig so, als wollten sie eine Kuh in einen Hänger ziehen. Und egal, wie sehr sie sich bemühten, wie sehr sie zogen und zerrten, sie schafften es nicht. Die Kuh wollte nicht in den Hänger. Was ist da los? Ich denke, dieser Junge hat damit einfach nur gut für sich selbst gesorgt, und vielleicht ist er damit weiser, als wir glauben.

Im Leben gibt es nur einen einzigen Moment, und der ist jetzt. Etwas für die Zukunft zu tun, damit wir mal einen guten Job und eine gute Rente haben, macht aus dieser Perspektive kaum Sinn. Und dennoch erzählen wir den Kindern, dass dieser Schmerz notwendig sei, um im Leben zurechtzukommen. Denn es schmerzt ja, die eigene Lebenszeit mit etwas zu verbringen, das einen nicht interessiert. Sicher müssen wir, wenn wir ein längerfristiges Ziel erreichen wollen, auch viel Schweiß dafür aufwenden. Doch sollten wir Kinder lieber dabei begleiten, ihr Ziel, ihre Passion zu finden, als vorzuschreiben, was in ihren Kopf rein soll. Denn dann „schwitzen" sie aus der eigenen Motivation heraus, freiwillig. Mein Ältester fasste es nach seinem Abschluss so zusammen: „Ich habe es mit meiner Taktik „ein gutes Pferd springt nur so hoch, wie es muss" in der Schule ganz gut geschafft, mein Hirn nicht so zumüllen zu lassen. Da soll nämlich nur rein, was ich drin haben will." Aber wir brauchen doch ein breites Allgemeinwissen ... das ist eine verbreitete Annahme. Doch ich denke, das ist nicht richtig. Wenn man mal einen Erwachsenen fragt: Hat dir heute, in deinem Leben, der Chemieunterricht das Leben schöner, besser, lebenswerter gemacht? Chemiker antworten mit ja, die meisten anderen mit nein. Sie haben das Allermeiste vergessen, zum Beispiel, was es mit der „ homologen Reihe der Alkane" auf sich hat. Ich denke, es wäre viel besser, darauf zu vertrauen, dass jeder sein Potential in die Gemeinschaft einbringen will, und einige würden bestimmt auch Chemiker. Und die anderen könnten ihre Lebenszeit damit verbringen, zu entwickeln, was sie einbringen wollen. Wie könnte Schule sein, wenn wir Kinder dabei begleiteten, ihr Potential zu entdecken und zu entfalten? Schule in diesem Ausmaß zu verändern, ist ein

Riesenprojekt, doch womit wir beginnen können, ist, die Kinder nicht den Preis zahlen zu lassen, den wir viel zu oft selbst zahlen: Wir selbst hetzen durch unser Leben ... gute Ausbildung, guter Job, immer höher, schneller, weiter ... Kommen wir jemals irgendwo an? Ich denke, es ist eine gute Idee, ihnen zu zeigen, wie man sich selbst bestmöglich in einem System intakt hält, das man nicht einfach so ändern kann.

Beziehung

Der zweite Wert ist für mich Beziehung. Alles, was Beziehung schafft, mache ich, alles andere lass ich weg.

Beziehung schaffend ist gelebte **Gleichwürdigkeit**. Wir alle sind unterschiedlich, in unserem Denken, Fühlen und Handeln, doch wir alle haben die gleiche Würde. Das bedeutet auch, niemanden verkehrt zu machen, zum Beispiel aufgrund seines Verhaltens. Manchmal habe ich den Eindruck, dass die allermeisten Konflikte kein Problem wären, wäre da nicht unser antrainierter Impuls, sich selbst oder den anderen verkehrt zu machen.

Die runtergefallenen Kekse

Ein Fünfzehnjähriger will zu einem Freund gehen und kommt in die Küche, um seiner Mutter „Tschüss" zu sagen. Dabei zieht er sich die Jacke an, und in dieser Bewegung kommt er gegen einen Teller mit Keksen, der zu Boden fällt. „Mensch, zieh doch deine Jacke draußen an, dann passiert so was nicht." „Was stellst du auch den Teller so blöd an den Rand?"

Die Kekse liegen auf dem Boden, der Teller ist zerbrochen. Ist das ein großes Problem? Man könnte vielleicht einige Kekse retten und dann den Staubsauger holen. Doch für ein solches unaufgeregtes Ende der Situation bräuchte es, dass niemand ein „Verbrecher" ist, nur weil er etwas übersehen hat. Denn selbst wenn die Küche wieder ordentlich ist, in dem Jugendlichen bleibt das Gefühl, verkehrt zu sein.

Ebenso Beziehung schaffend ist **Kontakt,** der zwischen Menschen entsteht, die sich selbst wahrnehmen und zeigen und die gleichzeitig Interesse am anderen haben. Sich selbst zeigen, dazu gehört manchmal schon etwas Mut. In dem Beispiel, in dem die Freundin mich überreden wollte, doch zur Party zu kommen, um als Beraterin ihrer Freundin zur Verfügung zu stehen. Hier brauche ich etwas Mut, um zu sagen: „Das war für mich nicht in Ordnung." Denn damit spreche ich den Konflikt offen an. Doch es ist notwendig, wenn ich an dieser Freundschaft interessiert bin. Spreche ich es nicht an, steht dieser Konflikt zwischen uns, und so ein unausgesprochener Konflikt braucht ziemlich viel Platz, was bedeutet, dass wir uns nicht so nahe sein können.

Auch das Interesse am anderen, gerade wenn er sich anders verhält, als wir uns das wünschen, braucht es für Kontakt.

Sieben Uhr

Ein Paar hatte verabredet, dass er um spätestens sieben Uhr zu Hause ist und die Kinder übernimmt, damit sie pünktlich zu einer Verabredung gehen kann, und er kommt zwanzig Minuten zu spät. Sie ist wütend und sagt: „Du weißt ganz genau, dass ich es hasse, unpünktlich zu sein! Du hast gesagt, dass du um sieben da bist, und jetzt ist es zwanzig nach. Du hättest wenigstens anrufen können.“

Diese Formel: Wir haben was vereinbart, du hast dich nicht daran gehalten, jetzt habe ich das Recht, sauer auf dich zu sein – das sagt nicht sehr viel über mich aus. Das ist nicht authentisch, weil ich damit nur etwas über den anderen sage: „Du hast dich falsch verhalten und bist schuld.“ Will ich sagen, wie es mir geht, was ich denke und fühle, oder will ich dem anderen sagen, was er falsch gemacht hat und wie er sich verhalten soll?

Darf man denn nicht mal wütend sein? Natürlich darf man wütend sein, und es ist auch gut, das zu zeigen, sonst gibt es keinen Kontakt. Doch ich bin ja wütend, es ist mein Gefühl. Das ist nicht leicht zu akzeptieren, gerade weil wir gelernt haben, dass im Konflikt sich mindestens einer falsch verhalten haben muss – und deshalb schuld ist. Eine Mutter meinte: „Ja, aber der andere ist doch schuld.“ Es geht nicht um Schuld, es geht um gemeinsame Wege. Wie können wir unser Miteinander gestalten, sodass es uns beiden gut geht? Hilft uns die Schuldfrage dabei? Nein, also würde ich sie loslassen und andere Wege suchen.

Ein anderer Weg könnte sein, dass beide versuchen auszudrücken, wie es ihnen in dieser Situation geht. Angenommen, sie hätte gesagt: „Ich fühle mich gestresst, weil ich jetzt zu spät komme" (ohne den Vorwurf in der Stimme: „und daran bist du schuld"), dann hätte der andere die Möglichkeit, sie zu sehen. Werfe ich es dem anderen stattdessen vor, ist es für ihn schwieriger, mich zu sehen, denn er ist dann vermutlich damit beschäftigt, sich zu verteidigen: „Du machst immer so einen Stress. Mich gleich anzumachen wegen der paar Minuten. Du warst auch letztens zu spät. " Und schon nimmt die verletzende Diskussion ihren Lauf. Wir wollen einander ja nicht schaden, schließlich verbringt dieses Paar ja sein Leben miteinander. Der andere ist nicht der „Gegner", nur weil er sich anders verhält, als ich mir das wünsche. Also Knarre stecken lassen, dem anderen glauben, dass er in Frieden kommt, und gemeinsame Wege suchen. Es ist hilfreich, die Frage nach der Schuld einfach zu überspringen, ebenso die Frage, wer sich richtig verhält und wer falsch, und gleich mit dem Beziehung schaffenden Teil zu beginnen, nämlich zu schauen: Wie geht es uns? Was brauchen wir? Wie wollen wir es in Zukunft gestalten?

Aber muss man denn immer Interesse haben? Natürlich nicht, es ist aus meiner Sicht völlig legitim, keines zu haben. Doch kann ich auch nicht erwarten, dass mein Gesprächspartner für mich Interesse hat. Sich selbst zeigen und Interesse am anderen zu haben, das erzeugt Kontakt. Wenn man mitten in einem hitzigen Konflikt steckt und merkt, dass einem das Interesse am Standpunkt des anderen verloren gegangen ist, kann man anhalten und einen anderen Weg gehen, sofern man will.

Beziehung schaffend ist auch **Verantwortung,** und davon wird gleich dreierlei gebraucht: Die Verantwortung, die wir für uns selbst haben, die Verantwortung, die wir für unsere Kinder leihweise übernehmen, und die Verantwortung für die Stimmung in der Familie.

Die Verantwortung, die wir für uns selbst haben:

Die Hausaufgaben

Der Vater kommt abends nach Hause und ist bereit, seinem dreizehnjährigen Sohn noch bei den Mathehausaufgaben zu helfen. Er fragt den Sohn, wann sie sich denn zusammensetzen wollen, der Sohn antwortet: „Gleich." Nach zehn Minuten fragt der Vater nach, wann er denn jetzt die Aufgaben machen wollte, und wieder bekommt er ein „Gleich" als Antwort. Als der Sohn zum dritten Mal immer noch nicht bereit ist für die Hausaufgaben, platzt der Vater: „Dann mach deinen Kram eben alleine, ich bin doch hier nicht der Depp."

Der Vater schafft es in diesem Beispiel nicht, für sich zu sorgen, ohne seinen Sohn verkehrt zu machen. Persönliche Verantwortung zu übernehmen, bedeutet auch, die eigene Grenze zu kennen und sie dem anderen mitzuteilen. Zum Beispiel hätte der Vater sagen können: „Ich würde dir gerne bei deinen Aufgaben helfen. Willst du Hilfe?" „Ja, gleich." „Ich will wissen, was gleich bedeutet, denn ich will gerne meine Zeit planen." „Kann ich noch nicht sagen." „Gut, bis acht Uhr bin ich bereit, zu helfen, bis dahin kannst du gerne kommen." Und wenn der Sohn dann um neun Uhr kommt und Hilfe will? Soll der Vater dann „konsequent" sein? Ich finde dieses Wort irreführend. Viel genauer finde ich das Wort konsistent. Angenommen, der Vater will es nicht, dann sagt er nein, und wenn er eine Pause hatte und es machen will, sagt er ja. Er ist im Einklang mit sich selbst, und so handelt er dann auch. Aber lernt der Sohn dann nicht, dass das, was der Vater sagt, keinen Bestand hat? Der Sohn wird genau spüren, ob der Vater ja sagt, weil er es will, oder ob er sich damit selbst unterläuft. Wir sind ja in der Lage, unsere Grenzen auch zu verschieben, wichtig ist nur, dass wir uns dazu entscheiden und uns nicht als „Opfer" des anderen begreifen. Wenn der Vater helfen würde, weil er sich dazu verpflichtet fühlt, jedoch innerlich „nein" sagt, geschieht es leicht, dass er den Sohn dafür verantwortlich macht: „Wegen dir muss ich so spät noch ... ich will auch mal frei haben ... das nächste Mal komm gefälligst früher ..." Wenn er ja sagt und dabei nein denkt, hat der Vater vielleicht vergessen, dass er längst erwachsen ist und gut für sich sorgen kann und darf.

Situationen sind Situationen. Wie wir damit umgehen, zum Beispiel, ob wir persönliche Verantwortung leben oder nicht, bestimmt sehr oft darüber, ob diese Situation ein Problem ist oder nicht.

Der Hund

Eine Mutter besucht mit ihrem drei Monate alten Baby ihre Freundin. Der Hund dieser Freundin ist sehr an dem Baby interessiert und springt immer wieder an der Mutter hoch, die das Baby auf dem Arm hat. Im Laufe des Besuchs wird es für die Mutter immer anstrengender. So ein schlecht erzogener Hund, denkt sie und ärgert sich über die Freundin, dass sie nicht dafür sorgt, dass der Hund sie in Ruhe lässt. Mit diesem Ärger fällt es ihr schwer, sich auf ein Gespräch einzulassen.

Der Hund

Eine Mutter besucht mit ihrem drei Monate alten Baby ihre Freundin. Der Hund dieser Freundin ist sehr an dem Baby interessiert und springt immer wieder an der Mutter hoch, die das Baby auf dem Arm hat. Sie weiß, dass ihre Freundin es gut machen will und gerne hätte, dass sie sich als Gast wohl fühlt. Sie sagt, dass es für sie unangenehm ist, wenn der Hund an ihr hochspringt, und bittet die Freundin um Hilfe. Da es für die Gastgeberin schwierig ist, den Hund zu kontrollieren, beschließen beide, dass sie einen Spaziergang machen.

Die Verantwortung, die wir leihweise für unsere Kinder übernehmen (bis sie diese selbst übernehmen können):

Der Schnuller

Einem Kinderarzt fällt bei einer Neunjährigen auf, dass sie aufgrund des stark verformten Kiefers verschiedene Laute nicht korrekt bilden kann. Die Mutter sagt, dass sie ihrer Tochter den Schnuller nicht habe wegnehmen wollen.

Wir haben dafür die Verantwortung, dass unsere Kinder in jeglicher Hinsicht gesund aufwachsen können. Und manchmal bedeutet das auch, dass wir bestimmen, weil sonst das gesunde Aufwachsen gefährdet wäre. Weil Kinder viel weniger Erfahrung haben, weil sie kaum abschätzen können, was ihr Verhalten für ihr Leben bedeutet, müssen wir manches bestimmen, um sie vor Schäden zu bewahren. Ein Zweijähriger weiß nicht, was es bedeutet, wenn er erst mit den Eltern ins Bett geht. Er braucht für seine Entwicklung mehr Schlaf als Erwachsene. Aufgabe der Erwachsenen ist es aus meiner Sicht, mit ihm gemeinsam einen guten Weg in den Schlaf zu finden. Einfach nur zu sagen: „Er will halt nicht, ist er eben morgen müde" – das wird seinem Schlafbedürfnis nicht gerecht. Er kann es nicht überblicken, muss aber die Folgen ausbaden. Tage, an denen wir nicht ausgeschlafen sind, sind sehr anstrengend, auch für Kinder. Ebenso konnte das neunjährige Mädchen nicht absehen, was dieser Schnuller für ihre Entwicklung bedeutet. Ich denke, hier wäre es Aufgabe der Eltern gewesen, sie dabei zu begleiten, einen anderen Weg zur eigenen Beruhigung zu finden. Ich denke, es ist die Aufgabe von Eltern, die Verantwortung für gewisse Lebensbereiche der Kinder zu übernehmen, bis sie diese Verantwortung selbst tragen können. Eine Mutter sagte daraufhin, dass sie deshalb kontrolliert, was und wie viel ihr zweijähriger Sohn isst. Das empfehle ich nicht, denn sowohl den Geschmack als auch den Appetit können bereits Neugeborene selbst verantworten. Ich finde es wichtig, genau zu schauen, was Kinder bereits selbst verantworten können und wo sie, zu ihrem Schutz, unsere Führung brauchen.

Die Verantwortung für die
Stimmung in unserer Familie:

Die Schreierei

Eltern sagten, dass die Schreierei ihrer dreijährigen Tochter ein echtes Problem sei. Bei jeder Kleinigkeit würde sie erst weinen und sich schließlich in ein Geschrei hineinsteigern. Manchmal würden sie die Tochter am liebsten einfach irgendwo stehen lassen.

Sind die Eltern für diese Stimmung, die die Dreijährige mit ihrem Geschrei erzeugt, verantwortlich? Die Dreijährige drückt mit ihrem Verhalten aus: Mir geht es nicht gut. Und es liegt in der Verantwortung der Eltern, sich anzuschauen, was los ist und, wenn möglich, daran etwas zu verändern. In diesem Beispiel war es ein festsitzender Wirbel, der zu starken Kopfschmerzen führte, doch das können Dreijährige nicht sagen. Es hätte jedoch auch sein können, dass es sie schmerzt, wie die Eltern ihre Paarbeziehung gestalten oder wie sie mit ihr umgehen. Ob wir ein freundliches Miteinander gestalten oder ob ein Gegeneinander dominiert – wir Erwachsenen sind verantwortlich für diese Stimmung. Kinder wirken zwar mit, jedoch können sie nicht dafür verantwortlich sein, unter anderem deshalb, weil sie mit uns und unserem Verhalten kooperieren.

Der verschüttete Saft

Eine Familie hat mich zu sich nach Hause eingeladen, weil es so viel Streit unter den Geschwistern gibt und sie gerne wissen wollten, was sie verändern können. Sie sitzen auf dem Sofa zusammen und wollen gemeinsam ein Spiel spielen. Als sie beraten, welches Spiel es sein soll, kippt eins der drei Kinder sein Glas um. Alle schauen es mit einem genervten Blick an, der sagt: „Du schon wieder, pass doch auf."

Die Geschwister haben die Haltung der Eltern übernommen. Die Kinder leben das Gegeneinander, das die Eltern in ihrer Beziehungsgestaltung anbieten. Ein erster Schritt wäre, anzuerkennen, dass sie den Kindern dieses Gegeneinander beigebracht haben, in bestem Wissen und Gewissen. Sie wollten ihre Kinder zu „guten" Menschen erziehen und haben übersehen, dass sie sie damit verkehrt gemacht haben. Und jetzt, wo ihnen das bewusst ist, können sie etwas daran verändern.

Entwicklung

Natürlich gelingt es mir nicht immer, diese Werte zu leben, und dafür gibt es diesen dritten Wert. Wenn wir uns selbst freundlich als Lernende begreifen und die Bereitschaft mitbringen, unser eigenes Handeln zu hinterfragen, kommen wir voran.

Das Lied

Eine Pädagogin dichtete zum Abschluss der vierten Klassen ein Lied über die Kinder: „... der Levin ist in der Schule immer außer Rand und Band, hält in der Schule nie den Rand ..." Ich sagte zu ihr, dass ich dieses Lied nicht mitsingen würde, weil ich es beschämend fände.

Doch weil ich, als ich es sagte, auch gedacht hatte: „Du als Religionspädagogin müsstest das eigentlich wissen", kam diese Abwertung natürlich auch bei ihr an. Die Pädagogin war außer sich, und ihre heftige Reaktion veranlasste mich, genauer hinzuschauen, was ich eigentlich – zwischen den Zeilen – gesagt hatte. Und es war eindeutig, ich hatte auf sie geschossen. Sie hatte die Kinder beschämt und ich sie.

Um den Mut zu haben, uns selbst zu hinterfragen und uns auch einzugestehen, wenn das eigene Handeln nicht zu einem Miteinander beigetragen hat, brauchen wir Freundlichkeit mit uns selbst. Wir wussten oder konnten es zu diesem Zeitpunkt einfach nicht besser. Annehmen, was ist, und entwickeln, was wir haben wollen. Es ist nicht wichtig, wo ihr steht, es ist wichtig, wo ihr hinwollt.

family/lab.de® – die familienwerkstatt

www.familylab.de
www.familylab.at
www.familylab.ch

familylab.de – die familienwerkstatt ist eine unabhängige Organisation und die Adresse für Eltern, Lehrer, Mitarbeiter in Unternehmen, die eine solide Basis im Umgang miteinander finden wollen. Für Menschen, die gerne ihre eigenen Werte, im Dialog mit den Erfahrungen von Jesper Juul und familylab bezüglich Familienleben und Kindererziehung, entwickeln wollen.

In der *familienwerkstatt* sind wir Spezialisten darin, Vorträge und Seminare zu gestalten, in denen Eltern und professionelle Fachleute Anregungen und Ideen zu ihrer Arbeit finden können. Und um die bestmögliche Chemie innerhalb der Familie, zwischen Kindern und Erwachsenen, wie auch in Beziehungen innerhalb von Schulen und Betrieben, zu schaffen.

Zum einen haben wir den Wunsch, durch Vorträge, Seminare, Workshops, Symposien, Bücher, Artikel und Filme für Eltern und für Fachleute die psychosoziale Gesundheit und das Wohlergehen der heutigen und zukünftigen Eltern und Kinder zu verbessern. Damit wollen wir die vielen unterschiedlichen Familien darin unterstützen, gesunde Beziehungen zu schaffen, ohne Gewalt und Missbrauch bei Kindern, Jugendlichen und Erwachsenen.

Zum anderen wollen wir durch öffentliche Bildung, Dialoge, Formulierung von Werten und dem Verbreiten von relevanten, wissenschaftlichen Erkenntnisse die Art und Weise beeinflussen, wie Männer und Frauen über ihre Familien denken und sie aufbauen. Ebenso wollen wir die Werte und das Verhalten in Kinderkrippen, Kindergärten und Schulen so beeinflussen, dass eine optimale Umgebung für ein gemeinsames, soziales, emotionales, kreatives und akademisches Lernen entsteht.

Unsere Vision sind Familien, Institutionen und Gesellschaften mit viel weniger Gewalt, Missbrauch, Sucht und Vernachlässigung. Wir wollen allen guten Willen, Liebe und Hingabe mobilisieren, innerhalb von Familien, Organisationen, wie auch in der Gesellschaft als Ganzem.

»Das Schlüsselwort heißt Beziehung. Ihre Qualität entscheidet über unser Wohlbefinden und unsere Entwicklung als Mensch. Kinder werden mit allen wesentlichen menschlichen Qualitäten geboren und haben daher auch dieselbe Verletzlichkeit und Überlebensfähigkeit wie Erwachsene. Eltern zu sein bedeutet, eine Rolle im Leben einzunehmen, die uns vor große Herausforderungen stellt. Das sogenannte Problem oder Symptom ist nicht so wichtig. Wichtig ist die Person, die das Symptom trägt. Wir können das Problem nicht lösen, aber wir können Menschen darin unterstützen, destruktive Systeme, Perspektiven und Verhalten ins Konstruktive zu wandeln.« Jesper Juul